Soyez [illegible]es: vivez

Soyez libres, vivez.

MÉMOIRES
SUR
LA BASTILLE,
PAR
M. LINGUET,

Surrexit è mortuis.

LONDRES,

De l'Imprimerie de THOMAS SPILSBURY, Snowhill,

Et se trouve à BRUXELLES,

Chez B. LE FRANCQ, Imprimeur-Libraire.

M. DCC. LXXXIII.

EXPLICATION DE L'ESTAMPE.

LE Courier du Bas-Rhin, *c'est-à-dire la feuille périodique la plus estimée des hommes honnêtes & éclairés, des vrais philosophes, en annonçant ces* Mémoires, *N°. 1, 1783, a présenté une idée que l'on a saisie, pour en faire le sujet de cette Estampe.*

On y voit la Statue de Louis XVI, *avec les attributs de la Royauté, élevée au milieu des débris d'un Château à moitié ruiné, qui est censé représenter la* Bastille.

Ce Prince tend les mains avec bonté vers les Prisonniers qu'il vient de délivrer, & dont les attitudes expriment leur reconnoissance : son geste majestueux & doux tout à la fois répond au dernier vers d'Alzire, *placé au bas de la gravure. Sur le piédestal on lit l'inscription très-noble indiquée par le* Courier du Bas-Rhin.

A LOUIS XVI,
Sur l'Emplacement de la BASTILLE.

Dans le fonds on apperçoit l'Horloge scandaleux décrit page 78 de ces Mémoires; *le cadran est frappé, & entamé par la foudre, qui, au-lieu de l'inscription insolente rappellée à la même page, a gravé sur le mur ces mots précieux tirés de la* Déclaration du 30 Août 1780, ſur les nouvelles Priſons :

» *Ces ſouffrances inconnues, & ces peines obſ-*
» *cures, du moment qu'elles ne contribuent point*
» *au maintien de l'ordre par la publicité, & par*
» *l'exemple, deviennent inutiles à notre juſtice.* »

Phraſe qui emporte ſeule la réprobation des Baſtilles, *puiſque, comme on va le voir, leur deſtination ſpéciale eſt préciſément d'infliger, & d'infliger arbitrairement, & d'infliger bien plus ſouvent à des innocens qu'à des coupables,* des ſouffrances inconnues, & des peines obſcures.

N. B. *Une mépriſe ſingulière arrivée dans le cours de l'impreſſion, a dérangé l'ordre des ſignatures : on a été obligé d'ajouter entre la fin de la feuille* D, *& le commencement de la ſuivante, une ſeconde feuille* D, *marquée* *D, *dont les chiffres recommencent à* 51 *& ſuivent juſqu'à 66, nombres, qui par conſéquent ſe trouvent employés deux fois. On ne doit pas croire pour cela que l'exemplaire ſoit défectueux.*

MÉMOIRES
SUR
LA BASTILLE,

*Et la Détention de l'Auteur dans ce Château-Royal, depuis le 27 Septembre 1780, jusqu'au 19 Mai 1782.**

LONDRES, *ce 5 Décembre 1782.*

JE suis en *Angleterre* : il faut prouver que je n'ai pas pu me dispenser d'y revenir. Je ne suis plus à la *Bastille* ; il faut prouver que je n'ai jamais mérité d'y être.

Il faut faire plus : il faut démontrer que jamais personne ne l'a mérité ; les innocens, parce qu'ils sont innocens ; les coupables, par-

* N. B. J'ai été obligé de faire beaucoup de notes, & plusieurs sont un peu longues : J'ai pris le parti de les rejetter à la fin, en marquant exactement les renvois qui les indiquent. Cette méthode distrait moins le Lecteur ; & elle rappellera un autre Ouvrage, où je me suis bien trouvé de l'avoir employée.

ce qu'ils ne doivent être convaincus, jugés, punis, que ſuivant les Loix, & qu'on n'en ſuit aucune, ou plutôt qu'on les viole toutes à la *Baſtille;* parce que, ſi ce n'eſt en *Enfer* peut-être, il n'y a pas de ſupplices qui approchent de ceux de la *Baſtille*, & que s'il eſt poſſible de juſtifier l'inſtitution de la *Baſtille*, en elle-même, dans de certains cas, il ne l'eſt dans aucun d'en juſtifier le *Régime:* il faut faire voir que ce régime auſſi honteux que cruel, répugne également à tous les principes de la juſtice & de l'humanité, aux mœurs de la Nation, à la douceur qui caractériſe la Maiſon Royale de *France*, & ſur-tout à la bonté, à l'équité du Souverain qui en occupe aujourd'hui le trône.

C'eſt par cette diſcuſſion que je vais conſacrer la repriſe de mon travail, & ma rentrée dans ma pénible carrière.

Les deux premiers articles ſemblent m'être purement perſonnels, & n'intéreſſer que moi. On verra qu'ils ſont liés inſéparablement avec le troiſième, & qu'ils en font une partie eſſentielle. Ils forment enſemble un cours d'oppreſſions; un enchaînement d'iniquités & de douleurs, dont aſſurément il y a bien peu d'exemples depuis l'hiſtoire de *Job*.

D'ailleurs ſerois-je digne de traiter le dernier ſi je ne commençois par éclaircir les deux autres? Si je n'étois qu'un transfuge affamé de vengeance, ou un coupable flétri du pardon, quel poids auroient mes réclamations?

Mais après avoir vu les preuves de mon

innocence on ſera plus vivement frappé du tableau des horreurs dont elle n'a pu me préſerver : l'intérêt augmentera encore ſi l'on penſe que ces horreurs il n'y a point de *François*, ni d'Etranger, de ceux qui voyagent en *France*, qui puiſſe s'aſſurer de ne les éprouver jamais. Les *Baſtilles Françoiſes* ont dévoré, elles dévorent journellement des hommes de tous les rangs, & de toutes les nations : on pourroit graver ſur les avenues de ces gouffres (1) l'avis adreſſé aux paſſans, ſur la porte de quelques cimetières, *Hodie mihi, cras tibi.*

Qui peut en effet ſe promettre d'éviter un ſort dont la qualité d'héritier préſomptif de la couronne n'a pu garantir un *Louis XII*, ni des lauriers accumulés un *Condé*, (2) un *Luxembourg;* ni les vertus ou la ſcience un *Sacy*, & tant d'autres; ni la morgue des compagnies de *Robe* un *Pucelle*, ni les plus importans ſervices un *La Bourdonnaie ;* ni le droit des gens tant d'*Anglais*, d'*Allemands*, d'*Italiens*, &c. dont les noms ſculptés par la rage de l'ennui ſur ces funeſtes murs y forment de toutes parts une eſpèce de géographie auſſi variée qu'effrayante, &c. ? C'eſt donc, pour ainſi dire, le caractère d'une épidémie redoutable à tout le genre humain que je vais déterminer ici.

Malgré la prodigieuſe quantité de témoins qui ont involontairement viſité ces abymes les détails intérieurs en ſont très-peu connus : les Mémoires de *La Porte*, de *Gourville*, de Mde. *De Staal*, n'en apprennent preſque rien; du moins de ce qu'ils disent il ne résulte que la preuve d'un fait inconcevable : c'est que de leur tems ce *Tartare* étoit une espèce de *Champs Elisées* auprès de ce qu'il est aujourd'hui.

Alors les prisonniers recevoient des visites : ils se voyoient entr'eux familièrement : ils se promenoient ensemble : les officiers de l'*état major* parloient, mangeoient avec eux : ils étoient pour eux des consolateurs autant que des gardiens ; *La Porte* parle en propres termes des LIBERTÉS *de la* BASTILLE ; il donne ce nom à tous les adoucissemens que l'on vient de voir, dont jouissoient lui & tous ses compagnons d'infortune.

Et *La Porte* parle du règne du *Cardinal de* RICHELIEU : *La Porte* étoit un des hommes du royaume qui devoit être le moins ménagé : le despotisme de l'impitoyable Ministre étoit personnellement intéressé à lui arracher un secret précieux dont il étoit le confident, ou sa vengeance à le tourmenter : La *Bastille* n'avoit donc point dans ce tems-là d'amertumes qu'il n'ait dû boire, ni de tourmens qu'il n'ait dû subir. Que l'on compare sa description avec la mienne (3).

Comment s'est opéré cet accroissement de barbaries ? Je l'ignore : mais une bien douloureuse expérience ne m'en a que trop appris la réalité. Tandis que tout paroît tendre dans les mœurs générales à la mollesse, plutôt qu'à la rigueur ; tandis que le Prince qui règne aujourd'hui sur la *France* ne manifeste que des intentions bienfesantes ; tandis que des modifications humaines ont assuré par ses ordres, dans les prisons ordinaires, des soulagemens, même aux criminels convaincus, on ne s'occupe à la *Bastille* qu'à multiplier les supplices pour l'innocence. Ses cachots ont acquis plus d'atrocités que les autres n'en ont perdu.

Révéler cette incroyable dépravation, c'est, sous un Prince équitable, en nécessiter la réforme : ainsi mes derniers adieux à ma Patrie sont encore un service que je lui rendrai : mon dernier hommage au Roi vertueux qui la gouverne sera pour lui une occasion de plus de faire le bien qu'il aime, & qu'il cherche.

Mais cette révélation n'y a-t-il rien qui me l'interdise ? Tous les objets que je traite ici, puis-je les traiter sans scrupule ? Puis-je *en conscience* mettre le Public dans le secret des terribles mystères auxquels le 27 Septembre 1780 m'a initié ?

Les gardiens de la *Bastille* n'ont pas à la vérité à leur disposition les eaux du *Léthé*, pour détruire dans la mémoire de leurs victimes le souvenir de leurs cruautés : mais ils essaient d'y suppléer. Le despotisme qui fait du silence un des tourmens de la *Bastille* quand on y est, tâche d'en faire un devoir religieux quand on en sort, on force tous les *Jonas* qu'elle revomit à JURER *qu'ils ne révéleront jamais rien, ni directement ni indirectement, de ce qu'ils ont pu y apprendre ou y souffrir.*

C'eſt un Magiſtrat dans le coſtume conſacré en apparence à la juſtice ; (4) ce ſont des Militaires décorés du gage apparent d'un ſervice pur, (5) & d'une vie dévouée à la défenſe des citoyens, qui préſident à ce dernier acte d'une oppreſſion dont ils ont été les inſtrumens. On montre au demi-reſſuſcité la porte qui ſeule peut le rendre à la vie, à demi-ouverte, & prête à ſe refermer s'il héſite : on veut ne lui laiſſer de choix qu'entre le ſilence, le parjure, ou la mort.

Hommes ſenſibles de toutes les nations, caſuiſtes rigides qui ſavez ce que l'honneur & la délicateſſe preſcrivent, prononce. Ma plume doit-elle être liée, parce que mes mains l'ont été injuſtement ? Non ſans doute ; vous me criez d'une voix unanime que l'infraction de cet engagement ignominieux n'eſt pas un parjure ; que le crime eſt de l'exiger, & non pas de le rompre.

Vous avez abſous le célèbre *Dellon* d'avoir briſé ce frein fabriqué par une inquiſition religieuſe, qui ayant préciſément les mêmes principes que celle-ci, emploie les mêmes reſſources pour en enſevelir la honte, & le ſcandale. Vous vous réuniſſez tous pour renouveller & conſacrer à jamais cet axiome précieux à la ſociété, cet axiome dont l'oubli donneroit trop d'avantage aux méchans armés du pouvoir, que le ſerment a été inſtitué pour garantir les conventions légitimes, pour aſſurer l'obſervation des Loix, & non pour défendre, pour aider à perpétuer les abus qui les enfreignent.

§. I.

On m'a fait une nécessité de revenir en ANGLETERRE.

Après ce qui s'étoit passé en 1777 entre M. le Comte de *Vergennes* & moi, (6) ce Ministre étoit de tous les politiques de l'*Europe*, celui avec lequel je devois avoir le moins de relation. Cependant à l'approche de la rupture entre la *France* & l'*Angleterre*, en Mars 1778, comptant sur la réputation de délicatesse personnelle, & de probité privée qu'il s'est faite, j'ai cru pouvoir hazarder de lui écrire, pour lui communiquer ma répugnance à rester dans un pays qui alloit devenir ennemi du mien : je lui demandois si, en changeant de séjour par un principe aussi patriotique, je n'aurois pas à craindre de nouvelles persécutions de la part du Ministère de *France* : je finissois par ces mots.

» Je sens bien que les circonstances ne me » permettent pas d'espérer pour le présent des » réparations : mais mon cœur se contenteroit » de celle que le Public me fait, si en me » transplantant je pouvois compter sur du re» pos, & j'y compterois *si j'avois votre parole* » *pour gage :*

» Je vous demande pardon si, malgré mon » innocence bien, & peut-être trop bien prou-

» vée, je crois devoir prendre des sûretés : » mais tel est le malheur de ma position ; & » j'ose croire que vous ne m'en saurez pas » mauvais gré. Si je me défie du Ministère, » vous voyez combien j'ai de confiance dans » le Ministre. »

Le 20 du même mois M. le Comte de *Vergennes* m'a répondu en ces termes. « Vous me » faites part, Monsieur, &c. M. le Comte » de *Maurepas*, auquel j'en ai fait part, *ap-* » *prouve fort cette résolution ;* & il m'AUTORISE » à vous mander que vous pouvez bannir » *toute inquiétude de ce côté-ci.....* Je crois, » Monsieur, qu'avec cette assurance vous pou- » vez prendre le parti que vous jugerez le plus » convenable. *Je ne vous la donnerois pas, si je* » *ne devois la regarder moi-même comme très-* » *certaine.* »

Le 7 Avril suivant, j'ai demandé à M. le Comte de *Vergennes* de nouveaux éclaircissemens : j'ai fait un nouveau sacrifice, plus pénible peut-être, &, j'ose le dire, plus noble encore que celui de mon séjour. (7) M. le Comte de *Vergennes* m'a répondu le 23. « J'ai » reçu, Monsieur, votre lettre, sur laquelle » je ne puis que vous confirmer ce que je vous » ai marqué par ma précédente. Elle vous » annonce, tant de la part de M. le Comte » de *Maurepas*, que de la mienne, une SU- » RETÉ ENTIERE POUR VOTRE PERSONNE, » dans le nouveau domicile que vous vous pro- » posez de prendre. Je vous en renouvelle » bien volontiers l'assurance, & celle de *vous*

» *laisser le maître de continuer vos travaux littéraires*, étant bien persuadé que le *Roi*, la » *Religion*, ni l'*Etat* n'y seront point attaqués. »

Sur cette sauve-garde bien solemnelle, comme on le voit, bien authentique, & sans conditions, j'ai quitté l'*Angleterre*. Je me suis fixé à *Bruxelles*. J'ai fait plusieurs voyages en *France* en 1778, et 1779 : j'ai vu les Ministres : les *Annales* ont continué d'avoir un cours aussi libre qu'honorable; la littérature, j'ose le dire, n'a point produit d'ouvrage où le *Roi*, la *Religion*, l'*Etat*, aient été plus scrupuleusement respectés.

Cependant, le 27 Septembre 1780, ayant été attiré à *Paris* par une suite de trahisons dont j'indiquerai ailleurs quelques-unes, je me suis vu arrêté en plein jour, avec un opprobre réfléchi, & combiné, (8) plongé dans des cachots destinés uniquement, en apparence, aux ennemis du *Roi*, de la *Religion*, ou de l'*Etat*, & livré dans ma personne, dans mon honneur, dans ma fortune, à tout ce que des geoliers barbares, des calomniateurs sans frein, des suppôts avides, & des agens infidèles peuvent se permettre d'indignités.

Après vingt mois passés sans aucune sorte d'adoucissemens, ni d'explication, ma captivité a paru finir le 19 Mai 1782; & elle n'a fait réellement que changer de forme. Le Lieutenant Général *de Police* de *Paris* venu en grand appareil pour m'annoncer que je n'étois plus *prisonnier*, m'a notifié que j'étois *exilé*. Il m'a remis un ordre qui me reléguoit dans un petit bourg à 40 lieues de *Paris*, avec défenſe d'en *déſemparer* A PEINE DE DÉSOBÉISSANCE.

Quoiqu'on ne daignât pas plus s'expliquer ſur le motif de l'*Exil* que ſur celui de la *Priſon ;* quoique j'euſſe les plus fortes raiſons de croire que ce nouveau coup partoit du Miniſtère, & non pas du Roi, je n'ai pas refuſé de me ſoumettre. J'ai demandé ſeulement deux graces bien ſimples : l'une, la permiſſion de reſter à *Paris*, au moins juſqu'à ce que j'euſſe recouvré les forces néceſſaires pour m'en éloigner, & tiré des mains plus que ſuſpectes, qui ſe trouvoient par de bien étranges manœuvres nanties de preſque tous mes fonds, ce qu'il falloit pour y vivre ; l'autre, d'aller à *Bruxelles* paſſer quelques jours, pour y mettre fin à la confuſion qui depuis deux ans conſumoit le reſte de ma fortune.

Je devois d'autant plus eſpèrer de la condeſcendance ſur ces deux articles, que le déſordre auquel j'avois a remédier étoit émané du Miniſtère de *France* directement. Il avoit fait requérir *miniſtériellement* à *Bruxelles*, au nom du *Roi de France*, par le Chargé-d'affaires de *France* (9), ſecondé d'un Exempt de la Police de *Paris* (10), & d'un ſubſtitut que je nommerai ailleurs (11), le tranſport non-ſeulement de *mes papiers*, mais de *mon argent :* & ce qu'on n'avoit pas emporté, on l'avoit diſſipé. On avoit payé à mes frais les courſes du Sous-miniſtre (12), de l'Exempt en Chef, de l'Exempt en Second : on avoit payé une garde dont le ſervice conſiſtoit à piller, ſous prétexte de conſerver : on avoit payé les officiers du pays, empreſſés de diſputer ma dépouille aux officiers étrangers. L'injuſtice *Françaiſe* avoit été prodigue de mes eſpèces envers la juſtice *Brabançonne*.

De plus, n'ayant recouvré l'exiſtence qu'avec un nouveau préſent à faire à ma Patrie, ayant à conſtater par l'expérience une invention très-précieuſe ; à réaliſer pour l'utilité publique un nouvel uſage de la lumière, imaginé dans un tems où je ne la voyois pas ; la confiance qui me feſoit eſpérer la modification, & même la révocation de mon exil, étoit aſſurément fondée.

La curioſité m'a obtenu un court délai ſur le premier point ; & je ne l'ai pas trompée. J'ai fait l'expérience ; elle a réuſſi. (13) Le jour même on m'a dit, *Partez pour* RETHEL, *& n'en déſemparez pas* ; quoique pour obtenir la permiſſion d'aller à *Bruxelles*, je donnaſſe verbalement, & par écrit, ma parole de revenir ſur-le-champ ; quoique depuis un mois je n'euſſe ceſſé de renouveller la promeſſe déjà offerte du fonds de mon tombeau, non pas, comme quelques gazettes ont eu la bêtiſe ou la malignité de le dire, de *ne plus écrire que d'après les vues du Miniſtère de* FRANCE, mais de ne plus écrire du-tout, ſi on l'exigeoit ; de me renfermer dans un ſilence abſolu, pourvu qu'en échange de ce ſacrifice on me rendît au moins les droits ordinaires de citoyen ; (14) pourvu qu'en me réſignant, puiſqu'on le vouloit, à ceſſer d'être utile à la ſociété, on ceſſât de me traiter plus rigoureuſement que tant d'hommes qui lui ſont à charge. Je mettois même dans ces inſtances & ces offres une douceur, une ſoumiſſion, qui ſcandaliſoient preſque les témoins impartiaux, & ont perſuadé à quelques-uns qu'enfin mon cœur avoit fléchi, ou ma tête cédé, ſous l'excès de l'infortune.

Ils ſe trompoient : ma conduite en ce moment n'étoit pas différente de celle que j'ai tenue dans toutes les autres occaſions de ma vie : je n'ai jamais pris un parti d'éclat ſans avoir épuiſé tous les moyens imaginables de l'éviter.

Ici, ce n'eſt que quand il ne m'a plus été poſſible de douter qu'il n'y eût un plan formé de m'anéantir le reſte de mes jours, d'achever de me faire perdre ce qui me reſtoit de reſſources en tout genre, en m'éloignant également de mes amis & de mes affaires, que je me ſuis enfin déterminé à une démarche devenue indiſpenſable.

Alors même j'ai encore écouté les ſcrupules d'un ſujet ſoumis, qui reſpecte le nom de ſon Prince juſque dans l'abus que ſes Miniſtres oſent ſe permettre d'en faire. Revenu à *Bruxelles*, je n'ai point ſongé d'abord à chercher une autre retraite. Quoique effrayé de la dévaſtation de ma maiſon ; quoique indigné des baſſeſſes, des infidélités ſans nombre commiſes par les agens miniſtériels qui avoient couru y traiter mes effets comme on traitoit ma perſonne, à *Paris ;* je me bornois à regretter mes pertes, à rassembler mes débris. Je ne voulois chercher que des distractions.

Je méditois un voyage de plusieurs années après avoir porté mon hommage aux pieds d'un Prince qui donne à tous les Princes de si nobles leçons par son exemple, & qui rend au trône des *Césars* un éclat qu'aucun trône n'a eu depuis long-tems, mon dessein étoit de passer en *Italie*, & d'aller tâcher d'oublier dans l'étude des monumens des siecles passés ce que j'ai souffert dans celui-ci.

Ce moyen indirect de me conformer encore aux vues du Ministère de *France* ne m'a pas été laissé. Des amis fidèles m'ont averti qu'il ne me pardonnoit pas de ne m'être point piqué d'une obéissance parfaitement littérale; & que, par les embûches dressées sur la route, le chemin de l'*Italie* redeviendroit infailliblement pour moi celui de la *Bastille*.

Comme cet avis me venoit de la même main qui m'avoit prévenu de la *première Lettre-de-cachet*, (car j'en avois été prévenu, mais j'avois refusé d'y croire) je n'ai pas pensé qu'il fut sage d'en braver une seconde. J'ai mis entre ces largesses du Ministère de *France* & moi une distance qu'elles ne franchissent point. Mes vrais protecteurs, ceux qui ont contribué à mon salut, ne seront pas fâchés sans doute que j'aie pris des précautions sûres pour conserver le fruit de leur amitié. Si les autres en marquoient du reſſentiment, ils acheveroient de prouver combien elles étoient néceſſaires.

Maintenant je le demande à tous les hommes honnêtes & impartiaux : Qu'ai-je pu faire que je n'aie pas fait ? Qu'ai-je fait que je n'aie pas été obligé de faire ?

Qu'on daigne réfléchir un moment ſur les circonſtances qui ont accompagné & ſuivi la reſtitution de ma liberté. Quoi ! à l'ordre de ſortir de *Paris* où j'avois les affaires les plus preſſantes, on joint la défenſe de me rendre à *Bruxelles* où des intérêts non moins précieux m'appelloient ? L'unique réponſe a mes prières, à mes offres, à mes humiliations même, pour obtenir la diſpenſe d'une de ces deux injonctions, c'en eſt une troiſième, qui me condamne, après une inaction, une mort de deux années, à continuer de végéter au fonds d'un bourg inconnu, dans une oiſiveté auſſi ruineuſe que fatiguante ! Ce ſont-là les faveurs, les graces, qui ſuccèdent à une oppreſſion ſans exemple dans toutes ſes parties !

Quel pouvoit en être l'objet ? De me punir ! Eh, de quoi ! Quel étoit mon crime ? Me l'avoit-on dit ? me le diſoit-on ? La tardive juſtice que l'on venoit enfin de me rendre prouvoit aſſez mon innocence. Qui croira que, ſi l'on avoit pu fabriquer l'ombre d'un prétexte pour motiver des chaînes éternelles, on eût briſé celles dont on m'avoit chargé ſans motif ? Un coupable convaincu, condamné, peut bien recevoir comme une faveur la diminution de son supplice : mais un innocent!

Devois-je regarder ce caprice du Ministère comme une attention paternelle? Sans doute il ne prétendoit pas me traiter comme on traite ces affamés qui ont long-tems souffert de la disette. Un médecin sage ne leur rend que peu-à-peu les alimens dont une trop grande quantité risqueroit d'abord de les étouffer. Mais probablement on ne craignoit pas de même pour moi l'effet subit du grand air; on n'avoit pas la délicatesse de ne me remettre au régime de la liberté, qu'insensiblement, afin qu'il me fût plus salutaire.

Si cette diète politique avoit un objet, ce n'est pas à moi qu'on vouloit qu'elle épargnât des dangers. Ce qu'elle étoit destinée à prévenir, c'est l'explosion de ces soupirs accumulés pendant deux ans de désespoir; ce sont les premières aspirations d'un cœur déchiré pendant cet espace avec un sang-froid si barbare, & une injustice si tranquille. Ce sont mes réclamations contre une violence qui a retranché deux ans de ma vie; contre des attentats dont les suites en abrégeront le reste; contre des traitemens qui n'ont jamais eu d'exemple, qui n'en auront jamais peut-être, même à la *Bastille*. (15 Voilà ce que l'on redoutoit.

Mais pour que cette précaution ne fût pas un nouvel outrage, & une iniquité de plus, au moins falloit-il la concilier avec l'arrangement de mes affaires personnelles, & le soin de mes intérêts domestiques : je ne demandois ni pension, ni indemnités, ni places ; je ne sollicitois que la permission de réunir les lambeaux de mes propriétés indignement attaquées, & dissipées plus indignement encore. Sans cela, pillé par les substituts du Ministère *François*, de la Police *Françoise*; ruiné par un agent infidèle; ne pouvant ni faire mes recouvremens arriérés, ni remédier aux déprédations passées, ni prévenir les futures, comment aurois-je vécu à *Réthel Mazarin ?* Les *Lettres-de-cachet* sont-elles donc des lettres de change ?

On a insinué dans le public qu'en exigeant de moi cette dernière épreuve on m'avoit annoncé des récompenses ; qu'on me préparoît des couronnes, si j'avois subi avec résignation ce dernier acte de mon martyre ; mais que j'avois tout dédaigné, & préféré l'espoir aveugle de la vengeance à la jouissance paisible des bienfaits qui m'auroient dédommagé de mon infortune.

Rien n'est plus faux :

L'unique récompense que l'on m'ait présentée c'est l'espoir *d'apprendre un jour, si j'étois long-tems bien obéissant*, LE VÉRITABLE MOTIF DE MA DÉTENTION : c'est un homme en faveur qui m'a offert cet appas. Un homme en place s'est borné à me dire : *Si vous voulez vivre ici*, TACHEZ DE VOUS FAIRE OUBLIER.

J'ai

J'ai cru qu'il étoit plus facile, plus sûr: plus nécessaire de tâcher de m'échapper. Mais je le repète : docile encore dans ma désobéissance apparente ; révérant, chérissant encore des liens dont ceux de la *Bastille* ne m'avoient cependant que trop affranchi, c'est dans le voisinage de ma Patrie, c'est dans un pays qui en est pour ainsi dire la continuation, que je me serois contenté de chercher une retraite, si elle avoit pu être assurée : il a fallu l'excès de la prévarication, & du danger, pour me repousser dans l'asyle inaccessible où je suis, & que je n'aurois jamais dû quitter.

Ceux que ma retraite & mon indépendance actuelle alarment peut-être avec raison, ne manqueront pas de s'armer du seul prétexte apparent qui puisse servir leur malignité. Ils m'accuseront d'*ingratitude* & de *Révolte*. Ils diront que si ma conduite passée n'offre point de *Crime d'Etat*, le choix de mon asyle présent en est un. L'effort qu'ils ont rendu indispensable ils le peindront comme une évasion criminelle. Ils produiront comme une preuve de la justesse des pressentimens qu'ils opposoient à la restitution de ma liberté, l'usage qu'ils m'ont forcé d'en faire ; & l'emploi d'une faculté *qu'on auroit pu*, diront-ils, se dispenser de me rendre.

Qu'on eût pu s'en dispenser, il n'y a pas de doute : quand on a la force en main, ce qu'on ravit sans droit on est maître de le garder toujours : rien de plus clair. Mais ce n'eſt pas-là de quoi il s'agit.

Il eſt queſtion ſeulement de ſavoir, d'un côté, ſi, parce qu'une captivité ſans cauſe n'a pas été ſans terme, j'ai dû me ſoumettre aveuglément à la continuation d'une rigueur conſtamment inique dès ſon principe; & de l'autre, ſi ayant apprécié ce qu'elle valoit une prohibition révoltante, à laquelle il eſt impoſſible de ſuppoſer que le Roi ait eu part, j'ai pu me croire en ſûreté ailleurs qu'ici contre un deſpotiſme miniſtériel qui n'avoit pas reſpecté une ſauve-garde ſolemnelle, émanée de lui-même.

Il ne faut pas oublier cette promeſſe bien inutile, mais bien authentique, ſignée au nom du Comte de *Maurepas*, qui n'exiſte plus, par M. le Comte de *Vergennes*, qui exiſte encore; elle me garantiſſoit comme on l'a vu *la ſûreté de ma perſonne*, non pas, comme on l'a dit, *pour un tems limité*, mais pour toujours, & ſans aucune reſtriction, ou du moins ſans autre reſtriction, même préſumée, que celle à laquelle aſſurément je n'ai pas manqué de continuer à *reſpecter le Roi*, *la Religion*, *& l'Etat*.

A-t-on laiſſé ignorer au Roi ce motif de ma ſécurité dans ſes états; ou bien, en me calomniant auprès de lui pour détruire l'eſtime dont il m'honoroit, pour le déterminer à une rigueur que la vérité n'auroit certainement pas motivée, lui a-t-on perſuadé que cette barrière ne devoit pas l'arrêter? Je n'en ſais rien.

Ce que je sais c'est qu'avec ma sauvegarde & mon innocence, sous un règne équitable & doux, j'ai été traité, pendant deux ans, non pas comme un accusé, prévenu de quelque délit ; (car à un tel homme on lui fait son procès ; on l'instruit du grief qui en est le motif ; on lui permet de se défendre) ; mais comme un coupable convaincu de tous les crimes de *Lèse-majesté* possibles. Or, la parole des Ministres de *France*, & la pureté de ma conduite, ne m'ayant pas garanti pour le passé, quand leur vindicative infidélité manquoit même de prétexte, que devois-je espérer pour l'avenir, en restant dans le voisinage de la *France*, après avoir par une démarche légitime, nécessaire, mais contraire à leurs volontés, fourni d'après les règles de leur implacable despotisme un prétexte apparent pour une nouvelle oppression ? Je ne pouvois pas me flatter d'être plus irrépréhensible : devois-je m'attendre qu'ils deviendroient plus timorés ?

Dans les circonstances où je me trouvois, le choix de ma retraite étoit-il libre ? Ai-je pu, ai-je dû balancer entre la *Bastille* & l'*Angleterre* ? Après avoir quitté sans honte, avec gloire peut-être, cette Nation généreuse, n'ai-je pas pu sans remords revenir implorer sa protection ? *

---

* Pour apprécier équitablement mon retour, il faut lire, après ceci, la page 521 du Tome III des *Annales Politiques*, &c.

§. II.

Que ma détention n'a eu aucun motif fondé.

Bien justifié sur le reproche d'ingratitude ou de révolte dans l'usage de ma liberté recouvrée, il ne m'est pas permis de laisser subsister le moindre nuage sur les causes qui me l'ont fait perdre, ou plutôt sur le fait précis qu'il n'y en a eu aucune capable de motiver l'abus de pouvoir dont cette perte a été le fruit. Je dois cette courte discussion à moi-même, à mes amis, à la confiance des hommes honnêtes, qui jugeant de mon ame par la leur m'ont toujours défendu sur la seule conviction de mon innocence. Il faut leur prouver que ce pressentiment ne les trompoit pas.

Ma réputation a été trop long-tems livrée à la rage de mes ennemis, qui ne craignoient pas de réponse; à la licence des gazettiers, justifiée, il est vrai, par l'appareil & la rigueur de ma détention. Comment se persuader que sous un gouvernement qui n'est point atroce, & sur-tout sous un Roi dont les bonnes intentions sont connues, un traitement si sévère n'eût pas des motifs proportionnés?

Un Ministre étranger, qui s'est intéressé vivement pour moi, par sa propre inclination, &

par l'ordre de ſon Souverain, m'a dit à ma ſortie, que jamais il n'y avoit eu d'*Affaire* d'*Etat* plus gravement traitée que la mienne; & que, malgré ſon penchant à me croire innocent, il avoit conclu de la manière dont on lui fermoit la bouche dans ſes ſollicitations que j'étois coupable d'un crime de *Lèſe-majeſté;* dont on me feſoit grace de ne pas précipiter le châtiment.

Et tous ceux qui ont fait des démarches en ma faveur ont reçu le même accueil. Tantôt un ſilence glaçant; tantôt des marques de regret, & de pitié; quelquefois même des éloges qui ſembloient indiquer une bonne volonté devenue impuiſſante par les raiſons les plus terribles; enfin des demi-mots qui laiſſoient à l'imagination la plus vaſte, la plus lugubre carrière ſur l'énormité des délits, & la durée, comme la juſtice de la punition, voilà ce que trouvoient mes amis chez tous les gens en place, du moins chez ceux à qui l'on ne pouvoit pas ſuppoſer que les vrais motifs de ma détention fuſſent cachés.

Il eſt inconcevable, je l'avoue, que l'objet d'un ſemblable manège, non-ſeulement ſe trouve en définitif abſolument innocent, mais même qu'il n'ait jamais été inculpé; il eſt inconcevable qu'en livrant ſa perſonne à des traitemens que les plus grans crimes, les mieux prouvés, auroient à-peine juſtifiés, on livrât de ſang-froid ſon honneur à l'indiſcrétion, à la malignité publiques; qu'on autoriſât cette malignité à regarder, à donner comme une preuve de ses attentats la rigueur injuste dont on l'accabloit, & que les distributeurs de ces réticences perfides fussent précisément ceux qui en connoissoient le mieux l'injustice & le danger; qu'enfin ce danger, cette injustice entrassent dans les calculs de leur vengeance, dans le lucre qu'ils prétendoient tirer de leur oppressive imposture.

Il est inconcevable qu'il existe un Ministère capable d'une cruauté aussi soutenue, aussi raffinée, d'une hypocrisie aussi profonde : il l'est que des hommes occupés, ou censés occupés des affaires publiques les plus importantes, trouvent le tems de combiner une si honteuse fraude; qu'ils se liguent ainsi pour en imposer à la fois au Prince qui les honore de sa confiance & au public témoin de leurs démarches; qu'ils se confédèrent pour perdre par de semblables manœuvres, qui? Un simple particulier, un homme irréprochable, dont l'unique faute étoit d'avoir trop aimé sa Patrie, & pris trop de confiance dans leurs paroles. Mais ce fait est plus vrai encore qu'étonnant.

J'ignore, je le répète, ce que l'on a pu dire au Roi; de quelles colomnies on s'est servi pour faire prévaloir dans son esprit la nécessité apparente de m'écraser par un coup éclatant, sur le plaisir qu'il paroissoit prendre à me lire, & le penchant qu'il avoit à me protéger : jamais rien ne m'en a été communiqué : pendant les vingt mois de ma détention je n'ai pas subi l'ombre d'un interrogatoire, pas l'apparence d'un examen. Je porte aux Miniſtres de *France*, à la face de l'*Europe*, le défi ſolemnel de produire un ſeul acte qui prouve que l'on ait rempli à mon égard la moindre formalité.

Ma ſortie, comme on l'a vu, a été accompagnée du même myſtère : l'ordre d'exil n'a pas été moins ſilentieux : ainſi je ne puis me juſtifier précisément ſur rien, puiſque j'ignore abſolument de quoi l'on a pu m'accuſer.

Mais c'eſt déjà, ſans doute un grand préjugé que ce ſilence envers un homme ſur qui l'on aggravoit d'ailleurs toutes les eſpèces de cruautés qui ſuppoſent une conviction complète & foudroyante. Toutes les loix le proſcrivent ; on ne peut ſe le permettre qu'à la *Baſtille*, & peut-être en ce lieu même n'a-t-on jamais oſé ſe le permettre qu'envers moi. Il ne faudroit pas d'autres preuves de la nullité, ou de la fauſſeté des accuſations.

Voici plus : voici qui achevera de lever toute eſpèce de doute : on n'a ceſſé de me dire à la *Baſtille*, que ma détention étoit émanée de la volonté directe & immédiate du Roi ; que je n'étois pas un homme aſſez obſcur pour qu'on eût hazardé un coup d'autorité contre moi ſans ſon aveu : c'eſt cette barrière ſacrée que l'on n'a ceſſé d'oppoſer à mes efforts pour découvrir, pour entrevoir au moins les motifs ſi ſoigneuſement cachés de ma détention. Cet aveu, cette volonté ont donc eu pour principe des délations quelconques, des griefs articulés, & précis.

Eh bien, calomniateurs audacieux, qui auriez réussi à m'enlever l'estime du Protecteur que la nature & la providence m'avoient donné, c'est à ses pieds que je vous cite : je vous dénonce à son ame honnête & franche que vous avez trompée. Si vous ne lui avez rien dit qui ait pu rendre un instant suspect mon amour pour sa personne, mon dévouement à ses intérêts, mon aversion, mon horreur pour toute espèce de manœuvre, en général, & sur-tout pour celles qui auroient eu un but opposé, je le déclare en termes formels, vous avez dit autant de mensonges que des paroles.

Et ne vous flattez pas d'échapper à mes instances sous ce voile si souvent profané du respect dû aux *Secrets de l'Etat :* ne vous abusez pas en espérant qu'il cachera les ressorts de votre despotisme frauduleux comme la *Bastille* en cache les résultats : Non; je vous poursuivrai jusque dans cet asyle que vous souillez; je ne cesserai d'y faire retentir ces mots terribles pour vous, & auxquels le Monarque équitable à qui je les adresse, ne sera peut-être pas insensible : « Vous l'avez trompé : ma conduite » & ma plume ont toujours été pures comme » mon cœur. »

Vous avez laissé dire, assurer, imprimer dans toutes les gazettes, « Que j'avois tramé des » projets dangereux; que j'avois composé, &

» donné des mémoires capables d'attirer à la » *France* des réclamations embarraſſantes, ou » du moins d'en réveiller le deſir. » C'eſt-là le bruit que j'ai trouvé le plus accrédité, en ſortant du tombeau ; c'eſt-là l'opprobre auquel vous aviez dévoué ma cendre, ſi malgré vos efforts, une main toute puiſſante ne m'en avoit pas arraché.

Peut-être l'obſtacle que vous avez mis à mon retour à *Bruxelles*, a-t-il eu pour objet de confirmer encore, d'accréditer cette impoſture auſſi criminelle qu'abſurde. Peut-être, après avoir eu l'art de la rendre probable aux yeux que vous vouliez tromper, avez-vous eu celui d'empêcher les éclairciſſemens entre les deux Souverains qu'elle intéreſſoit, & de prévenir une explication qui m'auroit juſtifié.

Peut-être même, redoutant la protection dont m'honoroit l'auguſte & vertueuſe Princeſſe qui eſt le lien de leur union, n'avez-vous forgé cette calomnie que pour la réduire au ſilence quand il s'agiroit de moi ; épouſe de l'un, ſœur de l'autre, tant que les faits ne ſeroient pas éclaircis, elle devoit craindre de paroître s'intéreſſer pour un homme ſuſpect de leur avoir manqué également à tous deux : & comment éclaircir ces faits, puiſque dans la matière délicate ſur laquelle vous portiez les ſoupçons il étoit ſi facile d'éluder les éclairciſſemens !

Mais vous n'aurez pas le crédit d'étouffer la proteſtation que je conſigne ici. Renfermé exclusivement dans mes travaux littéraires, je ne me suis permis d'autres spéculations politiques, sans exception, que celles que j'ai publiées dans les *Annales* : j'ose invoquer ici, pour détruire l'imposture que vous avez ou inventée, ou tolérée, le Souverain auguste dont elle compromettoit le nom. Loin de me livrer à la démence folle, qui auroit voulu présager & justifier le démembrement de la *France*, c'est dans son sein que je n'ai cessé de me préparer une retraite. (16) C'est de ses prospérités que j'ai perpétuellement fait dépendre la mienne, jusqu'au moment où vous avez payé l'attachement le plus tendre par des supplices à-peine réservés à ses plus implacables ennemis, jusques-là elle n'a point eu d'enfant plus soumis, de sujet plus fidèle.

Si mon ame a conçu l'idée d'un sentiment différent à ceux que je développe ici, sans doute il en existe quelque trace. Eh bien, découvrez-les, produisez-les au jour : fouillez tous les bureaux : mettez en mouvement les espions privilégiés dont vous payez si cher l'activité clandestine : si en effet je suis coupable, la hardiesse de ma dénégation donnera autant d'indignation contre moi, aux dépositaires des preuves de mes perfidies, que ma trahison primitive leur auroit inspiré de mépris dès le commencement : ils s'empresseront de vous aider à confondre un imposteur hypocrite, qui oseroit se flatter d'abuser de leur indulgence, & s'efforceroit de concilier l'apparence de la vertu avec les manœuvres du crime. Il n'y a ni *intérêt*, ni *secret d'Etat* qui puisse s'opposer à ces révélations qui vous seroient si précieuses.

Mais que je suis loin de les craindre ! Ma conduite, comme tous mes ouvrages, sans exception, n'a cessé de porter l'empreinte d'un même sentiment : c'est celui de l'enthousiasme patriotique : c'est celui d'une délicatesse sur cet article poussée jusqu'à l'excès. Voilà sur quoi ma bouche, ma plume, mon cœur ont toujours invariablement été d'accord. Voilà sur quoi il faut me démentir par des faits, ou reconnoître combien est odieuse & criminelle la machination qui a pu rendre un instant mon innocence problématique.

Mais mes écritures privées ont-elles été aussi intactes que mes actions publiques ? N'ai-je pas commis quelque imprudence intérieure, quelque indiscrétion secrète qui ait pu justifier l'animadversion du Gouvernement ? N'ai-je pas choqué quelque homme puissant, au rang de qui l'on ait cru devoir une réparation ? Voilà la dernière ressource de mes persécuteurs : & c'est aussi le dernier trait de la fatalité qui me destinoit à être un modèle d'oppression passive dans tous les genres.

N'est-il pas étrange, après ce que j'ai souffert de la rage des corps, de la prévarication des hommes en place, que je sois obligé de me justifier sur un pareil sujet ; de rendre compte de tous les soupirs que l'indignation a pu m'arracher, de toutes les convulsions que la douleur a pu me causer ? Mais il faut bien me prêter à cette énumération, d'abord parce qu'elle est nécessaire, & ensuite parce qu'elle achevera de dévoiler toute l'horreur, toute la lâcheté des manœuvres dont j'ai été la victime.

Le seul grief de l'espèce dont il s'agit qui m'ait été communiqué, celui qu'on m'a présenté comme l'unique cause de ma détention, c'est une lettre à M. le *Mal. de Duras* : je ne prétens pas la justifier, & la discussion en seroit fort inutile ; mais c'étoit une lettre particulière, & qui ne concernoit en lui que le particulier ; une lettre provoquée, nécessitée même, par des procédés plus repréhensibles qu'elle n'étoit violente, une lettre secrete, que je n'ai jamais montrée ; une lettre que je n'ai pas nié d'avoir écrite, parce que je ne sais pas mentir, mais que M. le Maréchal de *Duras*, au moins dans le public, a toujours nié d'avoir reçue ; une lettre dont il a toujours affirmé ne s'être pas plaint, dont en effet il s'est si peu plaint qu'on n'a pas pu m'en représenter l'original, malgré mes réquisitions, & qui par conséquent dans tous les cas, ne pouvoit devenir le fondement ni d'une procédure, ni d'une punition quelconque ; une lettre enfin sur laquelle ma réponse, quand on m'a demandé si je l'avois écrite, auroit dû faire rougir la haine, & désarmer la vengeance. (17)

Quelle qu'elle fût, il est évident que l'éclat seul auroit pu la rendre criminelle, & elle n'en avoit pas eu. Quelle qu'elle fût, quand même elle auroit été publiée avec autant de ſcandale que ma détention en a produit, ce n'étoit pas *un crime d'état.* Quelle qu'elle fût , aſſurément elle n'auroit pas juſtifié vingt mois de *Baſtille*, & une continuité du traitement le plus atroce dont cette enceinte infernale ait jamais été le théâtre.

On ſera curieux, je le ſens bien, de connoître cette pièce, auſſi fatale que miſtérieuſe, &, ſi je n'étois ſenſible qu'au deſir de la vengeance je la publierois. Mais je reſpecte encore ici même les intentions du Roi : dès que ma lettre a pu lui déplaire, je l'abandonne : j'en fais le ſacrifice au jugement qu'il en a porté, ſans attacher d'autre prix à ce dernier hommage que la ſatisfaction de l'avoir rendu. (18)

Mais il en exiſte une autre dans les bureaux miniſtériels de *France*, qui a peut-être plus contribué encore que la précédente à mon infortune : celle-là on s'eſt bien gardé de la remettre ſous les yeux du Roi ; & en effet elle m'auroit garanti de tout, ſi elle avoit pu y paroître. On ne me l'a jamais rappellée : mais, comme je ne doute pas qu'elle n'ait influé beaucoup plus que l'autre ſur la réſolution du Miniſtère ; comme il eſt évident qu'en ſe ſervant de la première pour aigrir l'eſprit du Roi, on a eu la diſcrétion de lui cacher la ſeconde, qui n'avoit pu aigrir & alarmer que ſes Miniſtres, je crois qu'il eſt de mon devoir de la conſigner ici.

Elle eſt du lendemain de celle à M. le Maréchal de *Duras :* elle étoit adreſſée à M. *Le Noir*, Lieutenant de Police, par les mains de qui paſſoient les *Annales* pour ſe rendre dans celles du diſtributeur.

Il faut ſe rappeller qu'en Mars 1780, les Nos. LIX. & LX. avoient été arrêtés ſucceſſivement, à la ſollicitation de M. le Maréchal de *Duras*, & du *Parlement de Paris.* J'avois enduré patiemment la première ſuppreſſion : à la ſeconde j'écrivis le 7 Avril 1780, à M. le Maréchal de *Duras* la lettre qu'il ne montre pas, ni moi non plus : & le lendemain, à M. *Le Noir*, celle que voici.

» *Bruxelles, 8 Avril 1780.*

» MONSIEUR,

» Après avoir donné ma lettre d'hier à une » indignation trop légitime, je vais faire en- » core quelques efforts au nom de la juſtice & » de la raiſon, quoique j'aie appris à mes » dépens combien elles ont peu de pouvoir » en *France* contre les manœuvres & le crédit. » Voici un court mémoire, que je vous prie » de remettre ſous les yeux des Miniſtres : on » ne manquera pas de dire encore, que *c'eſt* » *ma mauvaiſe tête ;* mais il me ſemble que ce » ſont mes bonnes raiſons.

» Je ne puis concevoir que M. le Maréchal » de *Duras* veuille encore de l'éclat. J'avoue

„ qu'on ne peut rien ajouter à ce que M. le „ Comte *Desgrée* lui a dit : mais c'est quelque „ chose que de le répéter, & de faire observer „ au public que M. *Le Maréchal* n'en a pas „ obtenu satisfaction. Il me semble qu'à sa „ place c'est sur-tout le bruit qu'il faudroit „ éviter : il va en faire plus qu'il n'en a fait „ de sa vie.

„ Quoi qu'il en soit, je ne puis que vous re- „ péter ce que j'ai déjà eu l'honneur de vous „ dire plusieurs fois, sur ma répugnance à re- „ tomber dans toutes les tracasseries passées, „ sur le desir ardent que j'ai de n'y être plus „ exposé ; mais en même tems sur le courage „ avec lequel je les soutiendrai. Il m'en coû- „ tera ma fortune ; mais je suis accoutumé aux „ sacrifices.

„ On a arrêté à *Paris* le débit des Numéros „ LIX. & LX. des *Annales* : ils sont publiés, „ distribués en *Angleterre*, en *Hollande*, en *Al-* „ *lemagne*, dans les *Pays-Bas* : ils le sont en „ *France* même par les *contrefacteurs*. Arrêter „ à *Paris* seulement l'édition légitime, tandis „ qu'on tolère, qu'on favorise toutes les au- „ tres, c'est commettre une injustice révoltante, „ & encore plus inutile : on n'empêchera pas „ les Numéros prohibés d'entrer à *Paris* : on „ les y rendra seulement plus remarqués, plus „ courus, plus précieux : la sensation en sera „ plus vive, & plus prolongée. Je ne vois „ pas ce qu'il y a à gagner pour les inté- „ ressés.

„ Ces Numéros n'ont rien de répréhenfible
„ à beaucoup près. Le LIX. pouvoit être in-
„ finiment plus fort. Je ne fuppofe pas que
„ les intérêts du très-ridicule neveu de M. de
„ *Leyrit* (19) entrent pour rien dans cette fup-
„ preffion. Il ne s'agit donc que d'épargner
„ à M. le Mal. de *Duras* le défagrément d'une
„ réflexion fâcheufe fur fon affaire : mais n'eft-
„ elle que dans ce Numéro, ou plutôt n'y eft-
„ elle pas adoucie, du moins à l'avantage du
„ Commandant ?

„ Quand deux hommes faits par leur nom
„ & leur état pour donner l'exemple de la pro-
„ bité dans les actions, & de la délicateffe dans
„ les paroles, s'accufent réciproquement à la
„ face de l'*Europe*, de friponnerie, de larcins
„ de toute efpèce, en articulant les mots ;
„ qu'ils s'adreffent à un tribunal réglé pour ob-
„ tenir réparation, juftice, & que ce tribunal
„ laiffe la chofe indécife, il commet au moins
„ une prévarication, & peut-être deux. S'il
„ y a un coupable, c'eft un fcandale qu'il ne
„ foit pas puni ; s'il n'y en a pas, c'en eft un
„ bien plus fort que l'arrêt étende les foupçons
„ au lieu de les détruire, & flétriffe deux in-
„ nocens au lieu de les abfoudre. Voilà tout
„ ce que j'ai dit : c'eft fur les Juges que
„ tombe ma remarque. Le Public n'eft pas
„ fi indulgent : c'eft l'Ecrivain de *Caftellan*
„ qu'il défigne comme le vrai coupable, & la
„ fuppreffion mandiée du Numéro LIX. ne le
„ réhabilitera pas.

„ Quant

„ Quant au Numero LX. ce ſont des faits. „ Les vexations des *Parlemens :* leurs tyrannies „ intérieures ; le ſupport que tous les mem- „ bres croient ſe devoir, & ſe donnent en effet „ les uns aux autres dans les occaſions où ils „ devroient le moins ſe permettre de confondre „ leur caractère légal avec leurs intérêts par- „ ticuliers ; la corruption des *Secrétaires*, leurs „ manèges, leurs infidélités, leur habitude de „ ſe faire payer par les deux parties, &c. ſont „ des choſes conſtantes. Puiſque l'autorité ne „ veut ni punir ni réprimer ces abus, il faut „ au moins que la certitude de ne pouvoir les „ dérober à la cenſure publique y mette une „ eſpèce de frein : c'eſt l'intérêt du Gouverne- „ ment : c'eſt celui même des Compagnies que „ tant d'excès aviliſſent.

„ *Tant que j'ai écrit d'*ANGLETERRE *je n'ai* „ *éprouvé aucune tracaſſerie ;* (20) & j'ai écrit des „ choſes bien plus fortes. C'eſt cependant ſur „ le plan conçu, rédigé, exécuté en *Angleterre*, „ & bien connu en *France*, que les conventions „ ont été formées entre le Public de *France*, les „ Poſtes de *France*, & moi. C'eſt d'après ce „ plan que les ſouſcriptions ont été ouvertes „ & reçues ; que la diſtribution de l'ouvrage „ a été autoriſée ; que le Roi a accepté les „ exemplaires que je lui ai adreſſés directe- „ ment : on n'a pas mis pour conditions, que „ je reſpecterois les lâchetés des *Maréchaux de* „ *France*, ſi quelqu'un d'eux en commettoit, „ ou les prévarications des Tribunaux. On

„ n'en a mis aucune ; je n'en aurois pas ac„ cepté.

„ Je n'ai jamais entendu me soumettre à au„ cune espèce de Censure : au contraire, j'ai „ protesté hautement, j'ai imprimé plusieurs fois, „ que je n'aurois jamais d'autre Censeurs que „ ma propre délicatesse. Je n'ai pas dit un mot „ qu'elle puisse désavouer. D'où viennent donc „ les entraves auxquelles on prétend me sou„ mettre ?

„ En repassant la mer j'ai changé de lieu, „ mais non pas de cœur ; j'ai fait sans regret le „ sacrifice de ma fortune ; je ne ferai pas celui „ de mon indépendance ; ni des prérogatives „ auxquelles un accord solemnel m'a donné droit. „ On peut me punir de mon amour pour la *Fran*„ *ce*, de ma confiance au Ministère de *France*, „ de mon dévouement en tout sens pour ma Pa„ trie : on peut me déterminer, à force de dé„ goût, à cesser d'écrire ; on ne me réduira ja„ mais à écrire en esclave. De toutes les indem„ nités que le Gouvernement de *France* me doit, „ la franchise de ma plume est, ce me semble, „ la moins coûteuse, &, j'ose le dire, la plus „ utile pour lui. „

Voilà, je n'en doute pas, & je n'en ai jamais douté, quoique je n'en aie jamais parlé, la véritable cause de mes infortunes ; voilà ce qui a décidé le Ministère de *France* à saisir l'occasion de se venger : il n'avoit pas pu refuser à la hauteur, à la netteté de ma conduite, lors de ma ſortie d'*Angleterre*, la parole ſolemnelle dont j'ai parlé; il n'avoit pas pu trouver depuis même de prétexte pour la violer.

D'ailleurs, je dois à la mémoire de M. le Comte de *Maurepas* cette juſtice : il n'étoit ni vindicatif, ni implacable : occupé uniquement de perpétuer ſon repos & ſon crédit, il ne cherchoit point d'autre jouiſſance. Ce que les Annales avoient de gai, il s'en amuſoit : le ſérieux, il ne s'en inquiétoit guère. Peut-être même trouvoit-il plaiſant que ce fut lui qui eut l'air de me protéger.

Ses agens dans l'adminiſtration ne penſoient pas de même : les uns ſe ſouvenoient encore de la lettre à M. le Comte de *Vergennes*, & des portraits qu'elle contient : les autres redoutoient la franchiſe peu politique des *Annales*, Les filoux, a dit un homme ſenſé, *craignent les reverbères :* le ſuccès de cet ouvrage, les ſuffrages les plus reſpectables réunis en ſa faveur, l'empreſſement de tout ce qui ne le redoutoit pas, c'eſt-à-dire de tous les hommes vertueux & impartiaux, avoient enchaîné la mauvaiſe volonté.

Mais quand on eut pour arracher le conſentement du vieillard la lettre du 8 Avril, que l'on ne montroit qu'à lui, & qu'il fut aiſé de lui faire prendre pour des menaces; quand on eut pour prévenir l'eſprit du jeune Roi l'autre lettre du 7 qu'on ne montroit auſſi qu'à lui, avec ce qu'on y a joint ſans doute; & qui ne ſe diſoit également qu'à lui, il a été facile de fabriquer l'ordre qu'on avoit déſeſpéré peut-être juſques-là de ſe procurer. On ne pourra pas douter que les choſes ne ſe ſoient ainſi paſſées, ſi l'on ſonge que la lettre à M. *Le Noir* eſt du VIII AVRIL 1780, & la *Lettre-de-cachet* du XVI du même mois.

Mais cette même date amène une bien autre conſéquence : la ſeule idée en fait encore treſſaillir ma main; & c'eſt avec autant d'horreur que de ſaiſiſſement que je vais la développer.

Le 16 Avril 1780, je n'étois pas en *France*. J'étois le maître de n'y jamais rentrer : ſi mon aveugle fanatiſme pour ma Patrie; ſi ma confiance, plus folle encore qu'aveugle, dans une promeſſe de Miniſtres *François*, jointe à mille trahiſons, comme on le verra plus bas, ne m'avoit fait négliger des avis trop ſûrs, je n'y ſerois jamais rentré. La *Lettre-de-cachet* n'auroit donc jamais eu d'exécution. On forgeoit donc cette foudre au hazard, & ſans ſavoir ſi jamais elle produiroit ſon effet. Le Miniſtère de *France* a donc de ces reſerves meurtrières; il a des magaſins où il dépoſe ces inſtrumens de ſa vengeance; & il attend paiſiblement, comme un chaſſeur à l'affût, que la proie vienne s'offrir d'elle-même au coup qu'il veut lui porter.

Il y a plus : il imite le manège de ce chaſſeur dans ces préliminaires, comme dans ſon objet. Vingt perfidies plus lâches les unes que les autres ont été multipliées ſucceſſivement pour me déguiſer le piège que l'on venoit de placer ſur ma route. Le ſeul cours rendu à la publicité des *Annales*, immédiatement après le 16 Avril, n'en eſt-il pas une de la plus criminelle eſpèce !

Quoi ! l'on continuoit à répandre dans le public, ſous la garantie de l'autorité royale, un ouvrage dont l'auteur étoit proſcrit ſecrétement, & dévoué par les Miniſtres à l'opprobre, aux rigueurs reſervées pour les ennemis du Roi & de l'Etat ! On continuoit à le recevoir pour le remettre au Roi ; on le lui remettoit : on feignoit d'applaudir aux marques de ſatisfaction dont il continuoit de l'honorer : on avoit ſoin de m'en informer !

Le même organe par lequel tranſpiroient juſqu'à moi les nouvelles d'une approbation ſi flatteuſe, étoit employé à m'attirer à *Paris*. L'eſpion maſqué en ami que la police penſionnoit, à mes dépens, depuis cinq ans pour pénétrer dans mes ſecrets, inſtruit que je n'ignorois pas celui-là, ne ceſſoit de combattre l'effroi qu'il m'avoit inſpiré, par cette conſidération, qu'on auroit pas rendu la liberté aux *Annales* ſi on avoit voulu l'enlever à l'auteur ; & que je pouvois ſans crainte venir en *France*, puiſque mes ouvrages étoient ſi bien accueillis à *Verſailles*. On feſoit ainſi ſervir un nom ſacré à faciliter le ſuccès d'une iniquité, dont ce même nom devoit être l'inſtrument !

Elle n'a eu lieu qu'au bout de six mois; mais au bout de six ans, de vingt, la *Lettre-de-cachet* qui l'ordonnoit auroit eu la même efficacité. J'étois donc pour le reste de ma vie dévoué à subir, dans quelque tems que ce fût, l'atteinte de ce poignard; & dans la dernière vieillesse, lorsque rassasié de calamités, épuisé de travaux, je serois venu demander à ma patrie, pour prix de tant d'efforts, de sacrifices, la permission d'y mourir en paix, je n'aurois trouvé de porte pour y rentrer que la *Bastille*, ni d'autre tombeau que ses cachots!

D'après ces réflexions, quel nom donner, grand Dieu, à la *Lettre-de-cachet* du 16 Avril 1780! Comment qualifier cet empressement à la fabriquer, & cette patience à attendre le moment d'en faire usage!

Maintenant qu'on songe qu'une détention ainsi motivée, ainsi préparée, ainsi consommée, a duré près de *Deux ans;* qu'elle a porté à mes affaires & à ma santé un préjudice presque également irréparable; que si ma ruine absolue au civil, & mon anéantissement entier au physique n'en ont pas été le fruit, j'en suis redevable à une faveur particulière de la Providence, qui me prédestinant apparemment au ministère que je remplis en ce moment, c'est-à-dire, à publier les horreurs de la *Bastille*, m'a doué d'une organisation expresse pour les supporter.

Si c'étoit à M. le Mal. de *Duras* qu'on eut cru devoir une satisfaction aussi complète, on ne pourroit s'empêcher de répéter ce qu'à dit à cette occasion un des plus illustres Souverains de l'*Europe* : " *Ce Monsieur de Duras est donc un* » *bien grand Seigneur !* „

Les exemples ne sont rien en ce genre : dans une matière où tout est caprice & despotisme, les autorités, les comparaisons sont bien inutiles : je ne puis cependant m'empêcher d'en faire une.

Dans le nombre innombrable des *Embastillemens* qui ont eu pour objet une satisfaction due à des personnes puissantes, on peut compter celui de *La Beaumelle.* Cet écrivain plus qu'indiscret avoit osé dans ses mémoires de M^de.^ de *Maintenon* insérer cette phrase : *La Cour de Vienne accusée depuis long-tems d'avoir toujours à ses gages des empoisonneurs* ..... Certainement l'offense étoit grave & publique : le châtiment pouvoit sans injustice être sévère, & la réparation éclatante.

Cependant *Cinq mois* de *Bastille* parurent suffisans. *La Beaumelle* trouva même une protection efficace dans la générosité de la Cour qu'il avoit insultée. C'est à sa sollicitation qu'il devint libre, & point *Exilé.*

Tout homme de guerre qu'est M. le Mal. de *Duras*; tout homme de lettres qu'est M. le Mal. de *Duras*; tout homme d'esprit qu'est M. le Mal. de *Duras*; tout *académicien* qu'est M. le Mal. de *Duras*; malgré tous ces titres, il n'est pas probable qu'il ait paru au Ministère *Fran-*

çois, lui tout ſeul, un perſonnage plus important que la Maiſon d'*Autriche* entière; quelles que violentes qu'on veuille ſuppoſer mes ſix lignes ignorées, à M. le Mal. de *Duras*, on ne peut pas imaginer de les comparer à l'inculpation publique, & auſſi atroce que fauſſe, du roman dont il s'agit.

Si donc M. le Mal. de *Duras* a bien voulu ſervir de prête-nom à la *Lettre-de-cachet* contre moi, quand on l'a enfantée, il eſt évident que ce n'eſt pas à lui que je dois en imputer la durée; il n'auroit pas demandé, on ne lui auroit pas offert, un ſi long ſacrifice. (21) Il n'a pas tenu à cette indiſcrétion, ou plutôt à cette malignité, qui me cherchoient par-tout des torts, & au Miniſtère *François* des excuſes, qu'on ne le crut exigé par une divinité terreſtre un peu plus impoſante. Elle ne ſe ſont pas bornées à compromettre à mon occaſion le nom d'un ſeul Souverain. Après avoir donné mes prétendues relations avec l'un comme le motif de l'iniquité du 27 Septembre 1780, on a voulu en rendre un autre directement complice. On a publié qu'elle avoit été accordée aux inſtances de ſa Majeſté *Pruſſienne*. Le bruit s'eſt répandu, & il ſubſiſte encore, que ce Monarque piqué de l'Epître à M. d'*Alembert*, * & des détails que j'ai cru devoir publier à l'occaſion de la célèbre affaire du *Meunier*, ** & plus

* Voyez le Tome IX des *Annales Politiques*, *&c.* page 79.

** Ibid. page 4 & ſuivantes.

encore aiguillonné par les instances des petits *Platons* de *Paris*, avoit sollicité à *Versailles* ma détention ; que le Ministère de *France* n'avoit pu refuser cette condescendance à un philosophe aussi important, & que les portes de ma geole n'avoient pas pu s'ouvrir sans l'aveu de celui par l'ordre de qui elles s'étoient fermées.

Mais quelle apparence qu'un Législateur aussi équitable, aussi bienfesant chez lui, se fût abaissé jusqu'à solliciter une injustice, une oppression pour son compte chez autrui ? Quelle apparence qu'ayant fait tout récemment à l'Auteur des *Annales* l'honneur d'en adopter même les expressions dans une de ses loix, * il se fût permis un caprice de cette espèce contre ce même écrivain, qui ne l'avoit jamais offensé ? Quelle apparence d'ailleurs que *Versailles* eût cru devoir un hommage aussi cruel à *Potzdam*, qu'on eût osé faire au Roi de *France* la proposition de se rendre l'exécuteur des vengeances du Roi de *Prusse* ?

Dans des délits publics, qui tendent à flétrir l'honneur d'une Couronne, tel que celui de *La Beaumelle* dont je viens de parler, les Princes peuvent sans doute se rendre les uns aux autres le service de les réprimer, quoiqu'ils n'y soient pas personnellement intéressés ? mais dans tout

* Voyez le Tome VII. des *Annales Politiques*, &c. page 434.

le reſte ils portent entr'eux la jalouſie du pouvoir au point de protéger, & quelquefois au préjudice de l'ordre commun, même les coupables : comment les ſoupçonner de ſe concilier pour la proſcription d'un innocent !

Enfin ce qui achève de juſtifier le Roi de *Pruſſe*, & de démontrer que je n'ai pas été le *Calliſthène* de l'*Alexandre* du *Nord*, c'eſt la date de la *Lettre-de-cachet* dont il s'agit. Le 16 Avril 1780 eſt de beaucoup antérieur aux prétendus torts avec leſquels on auroit voulu la lier. Il eſt donc clair que ce Prince n'a point ſouillé ſa carrière philoſophique, en pourſuivant avec un pareil acharnement un écrivain qui, à la vérité, n'a point recherché ſes faveurs, mais à qui certainement il n'a pas pu refuſer ſon eſtime.

Le détail des traitemens que j'ai eſſuyés, la longueur même de ma détention, ſont encore autant de preuves qu'il n'y a eu aucune part. S'il en avoit été le véritable auteur, la perte de la liberté ne lui auroit-elle pas paru une réparation ſuffiſante ? Auroit-il exigé des Miniſtres de *Verſailles* ces raffinemens de vengeance dont je parlerai tout-à-l'heure ; ou ceux-ci l'auroient-ils méconnu, outragé, au point de croire s'en faire un mérite auprès de lui ? Loin de ſe prêter à prolonger ma détreſſe, ſa généroſité ne l'auroit-elle pas preſſé de ſuivre l'exemple de la Cour de *Vienne* envers *La Beaumelle* ? Infiniment moins fondé à ſe plaindre, auroit-il été plus implacable ? Auroit-il preſcrit à la *Bastille* envers un *François* des rigueurs, qu'un de ses sujets, vraiment criminel, n'auroit pas eu à craindre à *Spandaw !*

Il est bien étonnant que le nom de deux aussi grands Princes se trouve ainsi mêlé dans les infortunes d'un simple particulier, de celui peut-être de tous les hommes qui ont cultivé la littérature, à qui sa simplicité personnelle, son éloignement pour toute espèce d'éclat, son horreur pour toute espèce d'intrigues, son indifférence pour la fortune, & tous les objets de l'ambition, auroit peut-être dû le plus épargner les dangers attachés à l'honneur d'être connu des Souverains : mais enfin il est au moins aussi évident que ni l'un ni l'autre de ceux dont je parle ici n'a pu y contribuer. Ma détention n'a pas plus eu pour cause dans son principe, ou dans sa durée, de prétendues réquisitions parties de *Berlin*, que de prétendus renseignemens envoyés à *Vienne*.

Mais quel a donc été l'objet, le motif de cette durée ? Pour celui-là on ne me l'a pas caché : c'est la seule confidence que l'on m'ait jamais faite à la *Bastille* : c'est la seule réponse dont on ait jamais honoré mes supplications.

Au bout de quinze jours on m'a dit franchement, qu'il ne s'agissoit plus de M. de *Duras* : » Et de quoi s'agit-il donc ? Oh, ILS craignent » que vous ne cherchiez à vous venger : on » vous ouvriroit les portes tout-à-l'heure, s'ILS » étoient sûrs que vous n'éclatassiez pas contre

» eux : „ car en me parlant des Dieux de ce *Tartare*, c'eſt-à-dire des Miniſtres, on ne ſe ſervoit jamais avec moi que de ce mot collectif ILS. Voilà ce qu'on n'a ceſſé de me dire pendant *Vingt mois*, & ce que le Public ſavoit bien ſans que je le lui appriſſe.

Qu'on ſe mette à ma place, & qu'on apprécie de quelle terreur, de quelle accablante indignation ces lâches aveux devoient remplir mon ame. C'étoit donc un éclat futur & incertain qui déterminoit ma ſervitude préſente ! Après m'avoir immolé à une vengeance injuſte, on en éterniſoit les effets uniquement pour la tranquillité de mes oppreſſeurs ? Suivant leur rituel politique je devois être captif tant que je ſerois à *craindre*, c'eſt-à-dire, tant que mon ame ne ſeroit pas avilie, ou mes organes dérangés, ou au moins mes foibles talens détruits par les glaces de l'âge, & les convulſions du déſeſpoir.

Quelle inconcevable deſtinée : Quand il s'étoit agi de m'enlever mon état, pour complaire à une troupe d'aſſaſſins en robe, un *Avocat-Général*, leur complice, n'avoit pas eu honte de dire en plein tribunal, en pleine audience, qu'on ne pouvoit pas me le laiſſer, à cauſe des troubles que *je ne manquerois pas d'exciter* UN JOUR, * dans je ne ſais quel ordre ; & ici, où il s'agiſſoit de ma perſonne, on la

---

* Voyez l'*Appel à la Poſtérité*, pag. 35.

dévouoit froidement à un esclavage sans terme, en considération du ressentiment *que je ne manquerois pas d'avoir* UN JOUR !

Ainsi toujours paisible dans le fait, & redoutable en idée ; toujours irrépréhensible au présent, & coupable au futur, c'est de l'avenir qu'on me punit ! Mes ennemis n'ont jamais pu excuser leurs iniquités que par une prescience plus inique encore ! Ils ont toujours donné pour motif de leurs injustices actuelles mon ressentiment *infaillible* contre leurs injustices passées ! Jamais on n'a voulu essayer si ce n'étoient pas ces prophéties dictées par une timidité stupide, ou une haine adroite, qui manquoient de fondement !

Sans doute c'en étoit bien ici l'occasion : l'ame pure & sensible du Roi s'étoit émue au souvenir de ma détresse. Quand l'intrigue s'agitoit pour éblouir sa droiture, & la calomnie pour l'égarer ; elle avoit veillé, parlé pour moi : il avoit senti que la punition des fautes, quelles qu'elles fussent, dont il me croyoit alors coupable, ne devoit pas être éternelle. Un pressentiment secret de mon innocence, lui avoit peut-être, même avant ceci, déjà rendu suspect l'acharnement de ses Conseillers : malgré leurs efforts il a prononcé le *Surge & ambula* tout puissant, qui a mis fin à mes infortunes.

N'étoit-ce pas-la le moment, si la raison du moins, au défaut de la justice ; si une politique éclairée avoient pu quelque chose sur l'esprit des Ministres, d'essayer ce que pourroit l'indulgence sur le mien, sur cette ame indomptable, dont ils prétendoient avoir été forcés de punir les écarts avec tant d'éclat ? Je n'ai cessé de le répéter, dans les mille & un mémoires que j'ai soupiré du fond de la *Bastille :* je ne connoissois encore ma Patrie que par ses rigueurs: & je l'avois adorée : quelle auroit été mon idolâtrie, à l'instant où abjurant une prévention injuste, & des caprices cruels, on lui auroit permis de me tendre le bras ; où à ce sentiment que ses duretés n'avoient pas altéré, j'aurois pu joindre celui de la reconnoissance pour un premier bienfait ; * où rentré dans tous les droits du reste

* Ce mot comporte un éclaircissement que je ne puis renvoyer aux Notes : il est trop important pour moi qu'on ne le perde pas de vue.

Parmi les absurdités, & les mensonges sans nombre dont mon infortune, comme c'est l'usage, m'a rendu l'objet, on en a glissé une qu'il ne m'est pas permis de mépriser : on a dit, on a écrit, on a imprimé que le Ministère de *France* avoit sur moi des droits d'autant plus forts, que j'en recevois *une pension de deux mille écus.*

Je suis obligé de déclarer, qu'il n'y a jamais eu d'imposture plus impudente. Il est inconcevable qu'on l'ait hazardée, postérieurement au 27 Septembre 1780, après ce que j'avois dit en Août précédent, N°. LXIX. des *Annales*, page 296.

» Il n'y en a qu'un seul (des Rois de l'*Europe*) envers » qui le respect, l'attachement, la fidélité, soient pour de la famille, j'aurois pu me dire à moi-même: des préjugés fâcheux m'ont nui : eh bien, travaillons à les détruire : on m'a reproché de la violence, de la fougue : pouſſons la douceur, & la patience juſqu'à l'excès : tâchons de diſſiper les craintes, de déſarmer la haine, d'ôter tout prétexte à l'inquiétude.

» moi des devoirs ; un ſeul de qui J'EUSSE PU accepter » les bienfaits ſans rougir, & ſans ſcrupule. Or, celui-» là je ne lui ai jamais demandé, je ne lui demanderai » jamais que juſtice. »

Il ne s'agit pas ici de la réponſe que l'on a faite à cette demande : mais il eſt clair que l'homme qui tenoit ce langage publiquement, dans un ouvrage imprimé, n'étoit pas *penſionné*.

Les ſeules marques d'attention que j'ai reçues dans ma vie, du Miniſtère de *France*, ſont trois *Lettres-de-cachet*; l'une de *Baſtille*, & deux d'*Exil*, dont la premiere étoit la punition d'avoir défendu, comme *Avocat*, M. de *Bellegarde*, condamné ſolemnellement d'abord comme coupable, & ſolemnellement reconnu innocent, trois ans après.

Les autres affaires que j'ai traitées, ſoit comme Juriſconſulte, ſoit ſimplement comme Homme de Lettres, ne m'ont pas toutes valu des diſtinctions auſſi flatteuſes : mais il n'y en a pas une dont l'ingratitude des cliens que je ſauvois, les prévarications des tribunaux que je forçois d'être juſtes, la ſtupidité, ou la corruption des hommes en place que je démaſquois, n'ait empoiſonné pour moi les ſuccès. Il n'y a point d'amour-propre à dire que le Barreau & la Littérature n'ont point produit d'hommes dont la vie ait été ſemée d'anecdotes plus in-

En sortant du sépulchre, ces dispositions mon premier mouvement a été de les confirmer : *Lazare* nouveau, débaraffé du suaire funèbre qui avoit pendant vingt mois intercepté tous les mouvemens de ma bouche & de mon cœur, c'est la sensibilité, c'est l'amour de la paix, c'est la *Reconnoissance* que j'ai annoncé : pendant cinq semaines entières je n'ai cessé de tendre vers ces despotes pusillanimes autant qu'implacables,

---

croyables en ce genre depuis la Défense de M. le Duc d'*Aiguillon*, jusqu'à mes Réflexions sur celle de M. de *Lally*.

J'oserai dire plus, quant on devroit m'accuser d'amour-propre, & réveiller les anciens cris d'*égoïsme* : il n'y a pas eu d'écrivain dont le zèle ait été plus pur, l'ame plus inaccessible au manège, en tout genre, comme aux considérations personnelles, les faibles talens plus exclusivement dévoués à la défense de la justice, à la manifestation de la vérité : & il y paroît bien, aux fruits que j'en ai tirés.

Puisque j'ai parlé ici de l'exil occasionné par la défense de M. de *Bellegarde*, je dois rendre hommage à la générosité de M. le Mal. de *Biron*, en cette occasion. Il étoit Chef du Conseil de Guerre que la *Lettre-de-Cachet* sembloit venger. Il se donna les plus grans mouvemens pour en précipiter la révocation. A mon retour l'accueil le plus honnête, le plus flatteur, fut l'appareil qu'il mit à ma blessure.

Des Chevaliers *François* tel est le caractère :

Mais ce n'est pas apparemment celui des Chevaliers *Littérateurs*, ni des Maréchaux *Académiciens*.

cables, des mains encore meurtries de fers dont ils les avoient si long-tems chargées. Je ne leur demandois que la grace de m'éprouver, & je n'ai pu l'obtenir! ils n'ont osé croire que mes paroles fussent sincères! Indignes d'apprécier mon cœur, ils ont cru leurs *Lettres-de-cachet* un frein plus sûr que ma délicatesse : & quand la jouissance d'une liberté désormais inaltérable, me console à-peine du prix qu'elle me coûte, ils s'applaudissent peut-être de la sagacité qui leur fesoit deviner l'usage *Infaillible* que j'en ferois.

Ecartons ces retours & ces regrets qui n'ont plus d'application : n'ayant pu être admis à convaincre les Ministres de *France* de ma résignation, profitons au moins de la faculté qu'ils m'ont forcé de me donner de démasquer aux yeux du Public leurs injustices, de révéler leurs barbaries. Les unes sont déjà bien constantes : entrons enfin dans le détail des autres : & si, à la lecture de ces mémoires quelques lecteurs sont tentés de dire que jamais oppression n'a été reprochée avec tant d'énergie, forçons-les de convenir également qu'il n'y en a jamais eu d'aussi cruelle.

§. III.

Du Régime de La BASTILLE.

Je ne touche point ici pour le présent à une question délicate, dont la discussion seroit plus pénible que la solution n'en pourroit être utile. Je ne cherche point si les *Prisons d'Etat* sont nécessaires à un gouvernement ; s'il faut à toutes les administrations de ces depôts soustraits à l'inspection des Loix ; si ce ressort violent, & toujours dangereux, peut être regardé comme indispensable dans des machines qui, pour se conserver, ont quelquefois besoin d'essuyer des secousses extraordinaires ; si enfin ce qu'on désigne en *France* par le nom bizarre de *Lettre-de-cachet*, est une maladie particulière & propre à ce royaume, comme la *Peste* à l'*Egypte*, la *Petite Vérole* à l'*Arabie*, les inondations de cendres brûlantes au voisinage des *Volcans*, &c. ce problême est à-peu-près résolu par les faits ; si cette solution n'est pas celle qu'admettroit une philosophie humaine, elle n'en est pas moins adoptée par une politique universelle.

On ne voit point de nation chez laquelle l'autorité n'ait usé de cette ressource, ou de quelque équivalent. *Rome* dans le tems de sa plus pure liberté avoit des *Dictateurs*. Les ordres de ce magistrat suprême valoient bien des *Lettres-de-cachet*, puisqu'il disposoit sans appel, & sans rendre de compte, non-ſeulement de la liberté, mais de la vie des citoyens.

A *Sparte* la *Raiſon d'état* pouſſoit le deſpotiſme encore plus loin, pour ainſi dire. Les Rois mêmes, c'eſt-à-dire les chefs de la nation, y étoient ſoumis; les *Ephores* pouvoient les envoyer en priſon : c'étoit à la vérité le contraire d'une *Lettre-de-cachet;* mais enfin c'en étoit une eſpèce.

Je vois que dans le lieu de l'univers où l'Adminiſtration eſt le plus ſurveillée, le plus reſtrainte, dans celui où l'on a le mieux réuſſi à garantir les particuliers ſans pouvoir des abus arbitraires du pouvoir, à *Londres* même, il exiſte une *Tour* deſtinée à renfermer les *Criminels d'état.* Le *Parlement*, ce gardien des libertés privées, autant que des franchiſes publiques, non-ſeulement ne marque pas d'effroi à l'aſpect d'une citadelle qui ſemble menacer les unes & les autres; mais il en fait quelquefois uſage : il ne croit par-là ni violer, ni compromettre les privilèges du peuple. (22)

A plus forte raiſon une ſemblable inſtitution pourroit-elle paroître excuſable en *France*, où les caractères étant plus impétueux, les prétentions des différens pouvoirs qui ne ceſſent de s'y choquer moins circonſcrites, & l'autorité royale ſans bornes comme ſans étendue bien conſtatées, on peut dans de certains momens s'imaginer avoir beſoin d'un frein, ou d'un épouvantail qui défende les prérogatives du trône, si ce ne sont pas celles de la nation. Mais encore une fois je n'entre point ici dans cet examen : ce n'est pas de la légitimité de la *Bastille* que je m'occupe en ce moment ; c'est de son régime. Or ce régime est horrible : il ne ressemble à rien de ce qui s'est jamais pratiqué, ou se pratique aujourd'hui dans le monde. (23)

Si dans les relations de ces voyages qu'une effervescence passagère a tant multipliés ces dernières années ; nous lisions qu'aux Terres *Australes ;* dans quelques-unes des îles que la nature sembloit y avoir cachées au reste du monde, il existe une nation légère, douce; frivole même par essence ; dont le gouvernement n'est point sanguinaire ; où les affaires les plus sérieuses prennent toujours une tournure plaisante ; & dans la capitale de laquelle cependant on conserve avec soin un abyme, où tous les citoyens sans exception peuvent être à chaque instant précipités ; où en effet on en précipite journellement quelques-uns, sur des ordres dont il n'est possible ni d'éviter le coup, ni d'espérer l'examen, ni souvent de pénétrer le motif ou le prétexte :

Que l'infortuné ainsi évanoui se trouve alors séparé du monde entier ; plus éloigné de ses parens, de ses amis, & sur-tout de la justice, que s'il étoit transféré dans une autre planète ; que ses réclamations sont étouffées sans ressource, ou du moins n'ont qu'un seul canal pour se produire au dehors, & c'est précisément celui qui est toujours intéressé à les supprimer, en raison de ce que leur motif, c'eſt-à-dire l'oppreſſion qui les néceſſite, eſt plus grave & plus palpable :

Qu'il eſt abandonné, au moins très-longtems, ſans *livres*, ſans *papier*, ſans communication avec qui que ce ſoit, au tourment d'ignorer ce qui ſe paſſe au dehors, ce que deviennent ſa famille, ſa fortune, ſon honneur, & de quoi on l'a accuſé, & de quoi on l'accuſera, & quel ſort on lui réſerve; tourment dont une ſolitude ſans aucune eſpèce de diſtraction rend à chaque minute les aiguillons plus vifs, & la ſenſation plus profonde :

Qu'il n'a d'autre caution de la ſûreté de ſa vie que la délicateſſe de ſes gardiens; gardiens qui, malgré le ſigne d'honneur attaché à leur vêtement, étant capables pour de l'argent de s'avilir juſqu'à ſe rendre ſur un ordre arbitraire de lâches ſatellites, ne répugneroient pas ſans doute à ſe charger d'un miniſtère plus lâche encore, & plus barbare, ſi on l'exigeoit d'eux au même titre; qu'ainſi il peut très-raiſonnablement voir la mort dans chaque aliment qu'on lui ſert; qu'à chaque fois qu'on ouvre ſa porte, le cri lugubre des verroux qui la chargent peut lui paroître le précurſeur d'un arrêt de mort, & le ſignal de l'arrivée des muets deſtinés à l'exécuter; ſans que le ſentiment de ſon innocence, ou l'équité du Prince, ſoient pour lui un motif de tranquillité, puiſque la première ſurpriſe faite à celle-ci peut être ſuivie d'une ſeconde; puiſqu'on a ſur ſa vie le même droit que ſur ſa liberté; puiſque les mêmes mains qui ſe prêtent à l'aſſaſſiner moralement mille fois par jour en vertu d'une *Lettre-de-cachet*, ne ſe refuſeroient pas ſans doute à le tuer phyſiquement une fois, d'après la même autoriſation ; & que dans un lieu où tout eſt douleur & myſtère il n'y a pas d'attentats qui ne puiſſent être commis & cachés avec la même facilité :

Que s'il conſerve ſa ſanté, elle n'eſt qu'un ſupplice de plus, parce que ſa ſenſibilité eſt plus vive, & ſes privations plus douloureuſes ; ſi elle ſuccombe, comme il arrive preſque toujours, le régime de la maiſon qui ne change point le livre ſans ſecours, ſans conſolation, à l'idée horrible qu'il ne peut échapper ; qu'il va laiſſer ſa famille malheureuſe, ſa mémoire compromiſe ; que ſa cendre ſera privée des derniers tributs payés par la tendreſſe aux objets qu'elle a perdus ; que ſa fin ſera peut-être ignorée ; que ſa femme, ſes enfans abuſés, feront encore des vœux & des efforts pour ſa délivrance, long-tems après que le tombeau où il a été enſeveli vivant ne conſervera plus que ſes oſſemens décharnés :

Si un pareil tableau ſe trouvoit dans les voyages de *Cook*, ou de l'Amiral *Anſon*, quelle impreſſion produiroit-il ? Ne prendrions-nous pas le peintre pour un impoſteur ; ou bien, en nous applaudiſſant de vivre dans des contrées exemptes d'une pareille ſervitude, ne concevrions-nous pas un mépris mêlé d'horreur pour un gouvernement ſi barbare, & une nation ſi avilie ?

Hélas ! c'eſt celui de la *Baſtille*, & qu'il eſt

encore au-dessous de la vérité! Qu'il est loin de rendre ces tortures de l'ame, ces convulsions prolongées, cette agonie perpétuelle qui éternise les douleurs de la mort, sans jamais en amener le repos; enfin tout ce que les geoliers de la *Bastille* peuvent faire souffrir, & ce que personne ne peut peindre!

Le premier article de leur code c'est le mystère impénétrable qui enveloppe toutes leurs opérations; mystère qui s'étend jusqu'à laisser du doute non-seulement sur la *résidence*, mais sur la *vie* de l'homme disparu entre leurs mains; mystère qui ne se borne pas à interdire sans exception tout accès auprès de lui aux nouvelles qui pourroient, ou le consoler, ou le distraire, mais qui empêche également qu'on ne puisse vérifier, ni où il est, ni même s'il est encore.

L'homme qu'un Officier de la *Bastille* voit & angarie tous les jours, il soutient sans rougir quand on lui en parle dans le monde, qu'il ne l'a jamais ni vu ni connu. Quand mes vrais amis sollicitoient auprès du Ministre chargé du département de ces *Oubliettes* la permission de me voir, il répondoit comme un homme étonné, même qu'on put me croire à la *Bastille*. Le Gouverneur a souvent juré à plusieurs d'entre eux sur son *honneur* & *foi de Gentil-homme*, que je n'y étois plus, que je n'y avois pas été huit jours; car le scandale de ma détention, le soin que l'on avoit eu de l'opérer en plein jour, & en pleine rue, ne lui permettoit pas de soutenir, comme il l'auroit fait sans cela, que je n'y étois jamais entré.

Un laquais ment de même à la porte de son maître quand il en a reçu l'ordre : mais ce n'est que pour écarter des visites importunes : ses faussetés ont un but utile, ou un effet agréable : il ne les appuie point par un air pénétré, ni par des sermens : & cependant cet emploi l'avilit. Appréciez donc celui d'un Ministre, & d'un Gouverneur de la *Bastille*, qui ne trompent que pour tourmenter, & dont les mensonges ne produisent que des douleurs.

J'ose le demander, quel est l'objet de cette incertitude affectée où on laisse un public entier, des amis, une famille, sur l'existence physique de l'homme qu'on leur a ravi ? Ce ne peut pas être de faciliter les moyens de le convaincre, & d'assurer son châtiment : car, 1°. cette clandestinité n'ajoute rien à ceux que l'on a d'ailleurs, soit pour instruire son procès, soit pour consommer sa punition, s'il y en a une de prononcée : 2°. mon exemple prouve que la *Bastille* recèle souvent des hommes à qui non-seulement on ne veut pas faire de procès, mais à qui l'on n'en peut pas faire, & ce sont précisément ceux-là sur le sort de qui l'on affecte d'épaissir le plus le nuage : dans quel dessin, je le répète ?

Le régime de ce Château étant expressément institué pour déchirer les ames, pour rendre *la vie dure*, comme l'a dit naïvement une fois, un des questionnaires à *croix de St. Louis*, qui ne frémissent pas de ces fonctions, je conçois que l'isolement absolu, l'ignorance sans exception où l'on tient un prisonnier de ce que l'on a fait, de ce que l'on fait, de ce que l'on fera, pour ou contre lui, eſt un moyen parfaitement convenable au but que l'on ſe propoſe ; rien n'eſt mieux imaginé pour faire paſſer un homme par toutes les gradations du déſeſpoir, ſur-tout s'il a le malheur d'avoir une de ces ames fières & actives, que le ſentiment de l'injuſtice révolte, pour qui l'occupation eſt un beſoin, & l'attente un ſupplice : mais pourquoi faut-il aſſocier à ſes tourmens ſes parens, ſes amis, que l'on feint de ne pas vouloir aſſocier à ſes infortunes ?

Au moins quand il y a un procès établi, on connoît la nature de l'accuſation ; on ſait juſqu'où elle doit s'étendre : on ſuit les progrès de la procédure ; on ne perd point la victime de vue, juſqu'au ſacrifice, ou juſqu'au triomphe. L'inquiétude a des bornes, & la douleur des conſolations.

Mais ici, tandis que l'infortuné ſouſtrait à tous les yeux accuſe ſes amis, ſa famille de l'oublier, ils tremblent qu'on ne leur faſſe un crime de ſe ſouvenir de lui : ſa captivité dépendant d'un caprice, ſes fers pouvant ou tomber à chaque moment, ou ſe perpétuer ſans fin, chaque jour eſt pour ceux qui eſpèrent de le revoir, comme pour lui, une période complette ; où ils épuiſent toutes les angoiſes de l'attente, & toutes les horreurs de la privation : le matin on pleure du ſouvenir de ce que l'on a déjà ſouffert, & le ſoir par la certitude d'avoir encore à ſouffrir, ſans qu'il ſoit possible même d'entrevoir une fin à ces supplices; ou si l'imagination essaie de s'en fixer une, ce n'est que pour se préparer de nouveaux déchiremens.

Dans les vues de l'instituteur primitif du régime de la *Bastille*, cette effroyable politique avoit un objet : c'étoit de se défaire sans bruit, & sans éclat, des hommes pour l'assassinat de qui le bourreau lui auroit refusé son ministère : quand il avoit proscrit un innocent, car on ne proscrit que ceux-là, les coupables on les juge ; quand il avoit proscrit un innocent, il vouloit qu'on ignorât l'époque de sa mort, afin de ne la fixer qu'au moment précis qui convenoit à ses intérêts, ou à sa vengeance.

Mais *Louis XVI* n'est pas *Louis XI* : l'un est aussi humain que l'autre étoit barbare : l'un respecte autant la justice & les loix ; il en recommande aussi soigneusement l'observation, que l'autre se plaisoit à les faire violer, & à donner l'exemple de l'infraction. Comment donc conserve-t-on sous l'humanité de *Louis XVI* le régime inventé par la tyrannie de *Louis XI ?* Comment sous le Prince à qui l'équité est chère, & le sang des hommes précieux, les sujets sont-ils exposés aux mêmes catastrophes que sous celui pour qui les exécutions étoient un spectacle délicieux, qui appelloit le bourreau son *Compère*, & ne marchoit jamais que sous l'escorte d'un satellite, son compèreaussi, mais plus féroce, plus sanguinaire que tous les bourreaux ensemble ?

Encore ſi c'étoit la gravité des délits, ou l'eſpèce des perſonnes qui déterminaſſent cet étrange & périlleux incognito ; ſi l'on ne couvroit de ce voile funèbre que des hommes dévoués par l'énormité de leurs forfaits à un ſupplice prochain, ou des intriguans que leur naiſſance, ou leurs richeſſes, ou leurs relations rendiſſent redoutable, on auroit au moins une excuſe, ou un prétexte.

Mais la *Baſtille*, comme la mort, égaliſe tous ceux qu'elle engloutit : le ſacrilège qui a médité la ruine de ſa Patrie; & l'homme courageux qui n'eſt coupable que d'en avoir défendu les droits avec trop d'ardeur; & le lâche qui a trafiqué des ſecrets de l'Etat, & celui qui a dit aux Miniſtres des vérités utiles, mais contraires à leurs intérêts ; & celui qu'on enchaîne de peur qu'il ne deshonore ſa famille par des crimes, & celui dont on ne redoute que les talens, ſont tous plongés dans les mêmes ténèbres. *

* Cela n'eſt pas tout-à-fait exact. On verra plus bas en faveur de qui, & dans quels cas ces ténèbres s'éclairciſſent. Ainſi je ne prétens pas qu'il n'y ait jamais d'exception; je parle du *régime général*, de ce que j'ai éprouvé perſonnellement, de ce que l'on m'a dit ſans ceſſe être le coſtume habituel & l'ordre commun de la maiſon. On ſent bien que c'eſt ſur-tout à l'innocence qu'il doit être funeſte. Dans des rigueurs dont le caprice diſpoſe, il n'y a que la protection qui puiſſe procurer des diſpenſes, or dès qu'un homme innocent eſt à la *Baſtille*, il eſt bien clair,

Et qu'on y ſonge bien : elles ſont doubles : elles empêchent de voir, comme d'être vu : non-ſeulement elles ôtent au priſonnier la connaiſſance de ce qui peut l'intéreſſer perſonnellement, la faculté de régler ſes propres affaires ; de prévenir par des arrangemens définitifs ou proviſoires, ſa ruine, & celle quelquefois de ſes correſpondans, celle ſur-tout d'éclairer ſes protecteurs, de déſarmer ſes ennemis ; enfin, tout ce qui pourroit l'occuper utilement : mais elles lui dérobent juſqu'à l'aſpect des affaires publiques qui pourroit le diſtraire : devenu étranger à l'univers entier, on ne lui permet pas même de s'informer de ce qui s'y paſſe. Il y a peut-être dans ces cachots tel homme qui fatigue journellement de ſes prières *Louis XV* & le Duc *de la Vrillière* : il ſe croit encore enchaîné par eux : il eſt ſans ceſſe à genoux devant ces deux fantômes dont il n'exiſte plus que la mémoire : & les officiers du lieu, témoins de ſon erreur, ont la ſtupide délicateſſe, ou le ſcrupule barbare de ne pas l'en tirer.

De cette ignorance active & paſſive, il réſulte des effets infiniment funeſtes pour l'infortuné ainſi abuſé : s'il n'a été ſacrifié, par exemple, qu'à la vengeance perſonnelle d'un homme en place, il n'eſt point ſoulagé par la

ou qu'il n'a pas de protecteurs ; ou que ſes protecteurs ſont moins puiſſans que ſes ennemis. C'eſt donc ſur-tout pour lui qu'eſt préparé l'abominable régime dont il eſt ici queſtion.

chûte même de ce colosse dont la prospérité l'a écrasé. Il ne peut pas s'en prévaloir par lui-même, puisqu'il n'en est pas instruit : s'il n'a pas des amis ardens; si sa famille est timide, ou obscure, ou indifférente, ou éloignée, l'oppression reste la même, quoique l'oppresseur soit évanoui. Le successeur songe bien plutôt à user de la même ressource, qu'à redresser les torts qu'elle a produits. Le prisonnier reste à la *Bastille*, non pas parce qu'on desire qu'il y soit, mais parce qu'il y est; parce qu'on l'oublie; parce que les bureaux ne sont pas sollicités; & que rien n'égale la difficulté de sortir de ce puits meurtrier, si ce n'est la facilité d'y tomber.

J'en puis citer un exemple, autre que le mien, & sans compromettre personne. De mon tems la *Bastille* recéloit un *Génevois*, nommé *Pelisseri*. Son crime unique étoit d'avoir fait quelques remarques sur les opérations financières de M. *Necker*. Quand un hazard très-singulier m'en a instruit, il y étoit depuis trois ans : il y est peut-être encore; & ne connoît ni la subversion de sa patrie, ni celle du Ministre qu'il accuse avec raison de la sienne. Il ne sortira que quand un autre hazard, ou peut-être la mention que j'en fais ici rappellera sa mémoire aux cerveaux mobiles qui maîtrisent l'immobilité de la *Bastille* : peut-être enfin sentira-t-on combien il est affreux d'éterniser ainsi au nom de l'*Etat* la vengeance personnelle d'un administrateur passager; de punir un étranger, un homme honnête, d'avoir été assez éclairé pour pressentir ce que le gouvernement ne devoit pas tarder à faire lui-même; car enfin que reſte-t-il des opérations de M. *Necker* ? Si M. *Peliſſeri* a été coupable en les cenſurant, que ſont donc ceux qui les ont détruites ? (24)

Peut-on ne pas frémir d'horreur, en ſongeant que celles dont je trace le pénible tableau, ont été le prix d'une indiſcrétion, qui, quelques mois plus tard, eſt devenue, non-ſeulement une action prudente, mais une néceſſité. Le panégyriſte de M. *Necker* aujourd'hui riſqueroit ſans contredit de ſe trouver le commenſal de ſon critique : & tandis qu'un deſpotiſme ſans pudeur multiplie arbitrairement les victimes de ces terribles inconſéquences, leurs réclamations ſe perdent dans les ténèbres inacceſſibles dont je parle.

Encore une fois, qu'on y ſonge bien, rien n'en ſort, comme rien n'y pénètre : les tentatives même qu'un priſonnier peut hazarder, auprès de ſes protecteurs, pour les intéreſſer à obtenir ou une procédure ou un pardon, on les intercepte, on les enſevelit : avertis même par ces indications indiſcrètes des côtés par leſquels il peut ſe flatter d'être ſecouru, les limiers de la Police ſe hâtent de fermer les paſſages aux efforts que l'on pourroit tenter en ſa faveur. On ne lui laiſſe le pouvoir de ſolliciter ceux qui peuvent ſolliciter pour lui, que quand il a bu juſqu'à la dernière goutte la meſure de fiel que le deſpotiſme & la haîne lui ont préparée.

Ses lettres, quand on ne lui enlève pas la faculté d'écrire, passent toutes ouvertes à la *Police* : ou bien elles y sont décachetées. C'est pour les préposés à ce triage un amusement que la lecture de ces douloureuses lamentations : ils se divertissent un moment du ton sur lequel chacun des encagés soupire : & puis on enliasse soigneusement le produit épistolaire de chaque jour, non pour en faire usage, mais pour l'enterrer dans les dépôts inconnus, ou le brûler. Ni le prisonnier qui a écrit, ni ceux à qui il écrit, n'en entendent jamais parler.

Dans les premiers tems de ma détention, j'avois imploré les bontés des Princes de la Famille Royale. (25) Instruit dès auparavant que *Monsieur*, & Mgr. le *Comte d'Artois* m'honoroient de leur estime, je m'étois flatté que dans mon malheur ils ne me refuseroient pas leur bienveillance. Je leur avois écrit : les lettres étoient cachetées : le *Lieutenant de Police* quelque tems après me dit qu'il les avoit *lues*, mais non pas *rendues* : qu'on ne le lui avoit pas permis. Et sur ce que je lui observai que, puisqu'il en savoit le contenu, il pouvoit en informer les Princes généreux à qui il les avoit soustraites, il me répondit *qu'il n'approchoit pas de ces Puissances.* Et l'homme à qui l'accès de ces Puissances étoit interdit, avoit celle de décacheter leurs lettres, de les supprimer, de rendre leurs bonnes intentions, & celles du Roi inutiles, enfin d'élever autour de moi des remparts plus impénétrables que tous les châteaux magiques dont l'imagination a jamais peuplé les romans !

Entrons maintenant dans l'intérieur de ces ramparts : voyons comment s'y prennent les *Cerbères* qui en ont la garde pour completter leur abominable miniſtère, pour achever d'y rendre la vie *dure*.

Le prélude quand on leur amène une proie nouvelle, c'eſt la *Fouille*. Leur priſe de poſſeſſion de la perſonne d'un priſonnier, leur manière de conſtater la propriété infernale dans laquelle il va être compris, c'eſt de le dépouiller de toutes les ſiennes. Il eſt auſſi ſurpris qu'effrayé de ſe trouver livré aux recherches, aux tatonnemens de quatre hommes dont l'apparence ſemble démentir les fonctions, & ne les rend que plus honteuſes; de quatre hommes décorés d'un uniforme qui autoriſe à en attendre des égards, & d'un ſigne d'honneur qui ſuppoſe, il faut le répéter, un ſervice *ſans tache*.

Ils lui enlèvent ſon *argent*, de peur qu'il ne s'en ſerve pour corrompre quelqu'un d'entr'eux; ſes bijoux, par la même conſidération; ſes *papiers*, de peur qu'il n'y trouve une reſſource contre l'ennui auquel on veut le dévouer; ſes *ciſeaux*, *couteaux*, *&c.* de peur, lui dit-on, qu'il ne ſe coupe la gorge, ou qu'il n'aſſaſſine ſes geoliers : car on lui explique froidement le motif de toutes ces ſouſtractions. Après cette cérémonie qui eſt longue, ſouvent coupée par des plaiſanteries, & des gloſes ſur chaque pièce compriſe dans l'inventaire, on vous entraîne vers la loge qui vous eſt deſtinée dans cette ménagerie.

Elles ſont toutes pratiquées dans des tours dont les murs ont au moins, comme je l'ai dit, *douze* pieds d'épaiſſeur, & dans les bas *trente* & *quarante*. Chacune a un ſeul ſoupirail pratiqué dans le mur, mais traverſé par trois grilles de fer, l'une en *dedans*, l'autre *au milieu de la muraille*, la troiſième en *dehors*. Les barreaux ſont croiſés; ils ont un pouce quarré d'épaiſſeur : & par un raffinement qui prouve la ſupériorité du génie des inventeurs, la partie ſolide de chacune de ces étranges mailles répond juſte au vuide d'une autre, ce qui laiſſe à-peine à la vue un paſſage de deux pouces, quoique les mailles en aient à-peu-près quatre de large.

Autrefois chacun de ces caveaux avoit trois ou quatre ouvertures, toutes petites il eſt vrai, toutes décorées des mêmes réſeaux : mais enfin cette multiplicité de lucarnes aidoit à la circulation de l'air; elle prévenoit l'humidité, l'infection, &c. : un Gouverneur plein d'humanité les a faits boucher : il n'en reſte qu'une : dans les plus belles journées le peu de lumière qu'elle laiſſe tranſpirer dans la chambre, ne peut ſervir qu'à en faire mieux diſtinguer l'obſcurité.

Ainſi en hyver ces caves funeſtes ſont des glacières, parce qu'elles ſont aſſez élevées pour que le froid y pénètre; en été ce ſont des poèles humides, où l'on étouffe, parce que les murs en ſont trop épais pour que la chaleur puiſſe les ſécher.

Il y en a une partie, & la mienne étoit de ce nombre, qui donnent directement sur le fossé où se dégorge le grand égout de la Rue *St. Antoine;* de sorte que quand on le nettoie, ou en été dans les jours de chaleur un peu continuée, ou après chaque inondation, accident assez commun au printems & en automne dans ces fossés creusés au-dessous du niveau de la rivière, il s'en exhale une infection pestilentielle. Une fois engouffrée dans ces boulins que l'on appelle des *chambres*, elle ne se dissipe que très-lentement.

C'est dans cet atmosphère qu'un prisonnier respire : c'est-là que pour ne pas étouffer entiérement il est obligé de passer les jours, & souvent les nuits, collé contre la grille intérieure, qui l'écarte comme je viens de le dire, même du trou taillé en forme de *fenêtre* par laquelle coule jusqu'à lui une ombre de jour & d'air. Ses efforts pour en pomper un peu de nouveau par cette sarbacane étroite ne servent souvent qu'à épaissir autour de lui la fétidité qui le suffoque.

En hyver malheur à l'infortuné qui ne peut pas se procurer l'argent nécessaire pour suppléer à ce que l'on distribue de bois au nom *du Roi.* Autrefois il se délivroit sans compte, & sans mesure, en raison de la consommation de chacun. On ne chicanoit pas des hommes d'ailleurs privés de tout, & réduits à une immobilité si cruelle sur la quantité de feu qu'ils croyoient nécessaire pour décoaguler leurs sang engourdi par l'inaction, ou volatiliser les vapeurs condensées sur leurs murailles. Le Prince vouloit qu'ils jouissent de ce soulagement; ou de cette distraction, sans en restraindre la dépense.

L'intention est sans doute encore la même : les procédés sont changés. Le Gouverneur actuel a fixé la consommation de chaque réclus à six bûches, *grosses* ou *petites*. On sait qu'à *Paris* les bûches d'appartement ne sont que la moitié de celle du commerce, parce qu'elles sont sciées par le milieu. Elles n'ont qu'environ dix-huit pouces de longueur. L'éconôme distributeur a soin de faire choisir dans les chantiers ce qu'il est possible de trouver de bois plus mince, &, ce qui est aussi incroyable que vrai, de plus mauvais. Il fait prendre, par préférence, les fonds de piles, les restes de magasins, depouillés par le tems & l'humidité de tous leurs sels, & abandonnés par cette raison à bas prix aux ouvriers tels que les *brasseurs*, les *boulangers*, à qui il faut un feu plus clair que substanciel. Six de ces alumettes composent la provision de vingt-quatre heures pour un habitant de la *Bastille*.

On demandera ce qu'ils font quand elle est disparue : ils font ce que leur conseille en propre termes l'honnête Gouverneur : ils souffrent. (*Voyez ci-après la note 29, page 156.*)

Les meubles sont dignes du jour qui les éclaire, & de l'habitation qu'ils doivent décorer. Il est bon d'avertir d'abord que par son forfait avec le Ministère le Gouverneur doit les *fournir*, & les *entretenir* à ses dépens : c'est une des très-petites charges attachées à ſon immmenſe revenu, dont je parlerai bientôt. Il peut s'excuſer des incommodités du ſéjour, parce qu'il ne peut pas changer la ſituation des lieux : il peut pallier l'odieuſe leſinerie dont je viens de parler, qu'il exerce ſur la conſommation du bois, ſous prétexte qu'elle tend à épargner de la dépenſe *au Roi.* Mais ſur l'article des meubles qui ne regardent que lui, & qui lui ſont payés, il n'a ni excuſes, ni palliatifs. Ses épargnes en ce genre ſont néceſſairement tout à la fois un vol, & une cruauté.

Or deux matelats rongés des vers, un fauteuil de canne dont le ſiège ne tenoit qu'avec *des ficelles*, une table pliante, une cruche pour l'eau, deux pots de fayance, dont un pour boire ; & deux pavés pour ſoutenir le feu ; voilà l'inventaire, du moins des miens. Je n'ai dû qu'à la commiſération du *Porte-clef*, après pluſieurs mois, une *pincette* & une *pelle* de fer. Il ne m'a pas été poſſible d'obtenir des *chenets :* &, ſoit politique, ſoit inhumanité, ce que le Gouverneur ne veut pas fournir, il ne veut pas non plus qu'un priſonnier ſe le procure à ſes propres frais. Ce n'eſt qu'au bout de *huit mois* que j'ai pu me faire *acheter* une *téière :* pour avoir, *avec mon argent*, un fauteuil ordinaire & ſolide, il en a fallu *douze ;* & *quinze* pour remplacer par de la fayance commune la craſſeuſe & dégoûtante vaiſſelle d'*étain* qui circule ſeule dans la maiſon.

L'unique meuble qu'il m'ait été permis de me faire *acheter* dans les premiers jours ; c'eſt une couverture de laine : en voici l'occaſion.

Le mois de Septembre eſt, comme on ſait, le tems où les œufs des teignes qui rongent les étoffes de laine ſe changent en papillons. A l'ouverture de l'antre qui m'étoit aſſigné il s'éleva du lit, non pas un nombre, non pas un nuage de ces inſectes ; mais une large & épaiſſe colonne dont le développement inonda la chambre en un inſtant. Je reculai d'horreur : *Bon, bon*, me dit en ſouriant un des introducteurs, *vous n'y aurez pas couché deux nuits, qu'il n'y en aura plus un ſeul*.

Le ſoir, le *Lieutenant de Police* vint ſuivant l'uſage me ſouhaiter la *bien-venue*. Je montrai une répugnance ſi violente pour un grabat ainſi peuplé, qu'on voulut bien me laiſſer parvenir une couverture neuve, & me permettre de faire battre les *matelas*, le tout *à mes dépens*. Comme les *lits de plume* ſont interdits à la *Baſtille*, ſans doute parce que ces délicateſſes ne conviennent pas à des hommes à qui le Miniſtère veut ſur-tout donner des leçons de mortification, j'aurois voulu, au moins tous les trois mois, faire donner à mes miſérables matelas cette eſpèce de rajeuniſſement. Le Gouverneur propriétaire s'y oppoſoit tant qu'il pouvoit, quoiqu'il ne dût lui en rien coûter ; mais parce que cette façon, diſoit-il, *les uſe*.

Mde. de *Staal* raconte qu'elle fit tendre dans ſa chambre une tapiſſerie. Dut-elle cette condeſcendance à ſa qualité de favorite d'une grande Princeſſe, ou bien à ce que les mœurs du tems laiſſoient encore d'humain même à la *Baſtille*, comme le prouvent les autres détails de ſa captivité, je ne le ſais pas. Ce qui eſt ſûr c'eſt que les tolérances de ce genre ſont un des abus que la régularité moderne a retranchés. Mes inſtances pour obtenir à mes dépens, ou une toile qui eût aidé à abſorber l'humidité des murs, en cachant leur teinte lugubre; ou du papier qui eût produit le même effet, en me procurant de plus la diverſion de le coller moi-même, ont été inutiles.

Dans ma chambre le ſpectacle de ces murs avoit quelque choſe d'affreux. Un de mes prédéceſſeurs, peintre apparemment, ou amateur, & moins excluſivement ſevré de tout ce qui pouvoit ou nourrir ſon ame, ou occuper ſes mains, a obtenu la permiſſion de barbouiller ce ſéjour à ſa manière. C'eſt un octogone qui a quatre grans côtés, & quatre petits. Chacun eſt incruſté d'un tableau très-convenable au lieu : ce ſont les détails de la *Paſſion*.

Mais ſoit par goût; ſoit qu'on n'ait voulu lui paſſer qu'une couleur aſſortie au ſujet, & à l'appartement, il n'a employé que de l'*ocre*, & n'a fait qne des camayeux dont on peut imaginer la nuance. Après l'évaporation des papillons; quand mes yeux ſe portèrent ſur ces panneaux dont l'obſcurité durciſſoit encore la teinte; où je ne voyois en gros que des attitudes de douleur, que des appareils de ſupplices, ſans en diſtinguer le ſujet; ce que l'on raconte des *Oubliettes*, ce que l'on fait des *Sambenitos*, me revint à l'imagination. Je crus fermement que ces cadres étoient autant d'emblêmes du ſort qui m'attendoit, & qu'on ne m'avoit donné cette chambre que pour m'y préparer. Je fis à Dieu le ſacrifice de ma vie. Ames ſenſibles appréciez ce moment.

Ainſi logés, ainſi meublés, ſi du moins les captifs conſervoient la faculté qu'ils avoient autrefois, celle dont les coupables même ne ſont point privés dans les priſons ordinaires, que la juſtice ſeule dirige; c'eſt-à-dire, celle de conſerver entr'eux, de ſe voir, de former de ces liaiſons que la néceſſité excuſe dans les autres dépôts, même entre l'homme honnête, & celui qui ne l'eſt pas; mais qui pourroient ſouvent à la *Baſtille* être fondées ſur une eſtime réciproque; ſans oublier leur détreſſe ils en auroient plus de force pour la ſupporter. On voit de certaines liqueurs, qui chacune à part bleſſent le goût : en les mêlant elles acquierent une faveur moins rebutante : il en eſt de même de l'infortune : mais c'eſt préciſément cet amalgame de ſoupirs que les *Baſtilleurs* ont grand ſoin de prévenir : ce qu'un priſonnier diminueroit de ſes amertumes ſeroit autant de retranché ſur leurs jouiſſances. Leur deviſe eſt le mot qu'adreſſoit à ſes bourreaux *Caligula*, quand il leur commandoit un aſſaſſinat; *frappes de façon qu'il ſe ſente mourir.*

Du moment où ou homme leur eſt livré il eſt perdu, comme je l'ai dit, pour l'univers entier : il n'exiſte plus dans le monde que pour eux : ils ne ſont pas moins attentifs à prévenir toute ſorte de correſpondance intérieure entre leurs victimes, qu'à leur interdire toute eſpèce d'épanchement au-dehors. *La Porte* & d'autres parlent du commerce qu'ils entretenoient avec leurs voiſins par des cheminées, &c.

Encore une fois cela pouvoit être de leur tems : aujourd'hui les tuyaux des cheminées ſont traverſés comme les fenêtres dans leur longueur de trois grilles les unes au-deſſus des autres, dont la première commence à trois pieds du foyer ; & leur embouchure s'élève à pluſieurs pieds au-deſſus de la terraſſe : les *privés*, ſoulagement très-rare, car je crois qu'il n'y a dans tout le château que deux chambres qui en ſoient douées, ſont pourvus de la même garniture : une grande partie des chambres eſt voutée ; les autres ont des planchers doubles.

Quand on juge à-propos de faire deſcendre un captif, ſoit pour un interrogatoire, s'il eſt aſſez heureux pour en ſubir ; ſoit pour voir le médecin, s'il n'eſt pas aſſez malade pour être obligé de l'attendre dans ſa caverne ; ſoit pour la prétendue promenade dont je parlerai tout-à-l'heure ; ſoit par un ſimple caprice du Gouverneur, il ne trouve par-tout que le ſilence, des déſerts, & l'obſcurité. Un croaſſement funèbre du *Porte-clef*, qui le guide, fait diſparoître tout ce qui peut le voir, ou être vu de lui. Les fenêtres du corps de logis où ſe recèle l'*état major*, où ſont les cuiſines, où ſont admis les étrangers, ſe cuiraſſent à l'inſtant de *rideaux*, de *volets*, de *jalouſies ;* & l'on a la cruauté de ne procéder à cette opération que quand il est à portée de s'en appercevoir. Ainsi tout lui rappelle qu'à deux pieds de lui il y a des hommes, & des hommes qu'il auroit peut-être un très-grand intérêt de voir, puisqu'on apporte un si grand soin à les lui cacher : ce qui multiplie ses angoisses en raison de ses attachemens.

J'ai cru long-tems que j'avois pour commensale une personne dont la conservation pouvoit seule me consoler de mes autres pertes, & par les fers de laquelle on y auroit en effet mis le comble, si l'on avoit pu tromper sa vigilance. Les réponses qu'attiroient mes questions à ce sujet n'étoient propres qu'à confirmer mes allarmes : car quand ces hommes raffinés dans l'art de meurtrir les ames trouvent l'occasion de mêler au silence habituel qui tourmente, une franchise simulée qui puisse désespérer, ils ne la manquent pas : qu'ils parlent, ou qu'ils se taisent ils ont grand soin que leur activité soit cruelle comme leur inaction.

C'est par ces manœuvres qu'un pere & un fils, un mari & une femme, des parentés entières peuvent peupler à la fois la *Bastille*, sans se douter qu'ils aient auprès d'eux des objets si chers, ou y languir dans la persuation qu'une détresse commune enveloppe toute la famille, quoiqu'une partie s'y soit soustraite. Quand un Gouverneur de *St. Domingue* jugea à-propos, il y a quelques années, de se défaire un matin de toute la justice d'une de ses villes, & d'emballer un tribunal entier pour le renvoyer en *France* sur le même vaisseau, on mit tout en arrivant ce Parlement *Américain* à la *Bastille.*

Les pauvres gens y trouvèrent une bien autre servitude que celle de leurs *Négres* : ils y furent huit mois ; sans savoir ce qu'étoit devenu chacun d'eux : & cependant on leur fesoit leur procès ! & en définitif ils ont été reconnus innocens ! & ils n'ont eu d'autres indemnité que la permission d'aller reprendre leurs places !

Mais si l'on est si soigneux d'empêcher les captifs, soit de correspondre entr'eux, soit même de se connoître, on ne songe point du tout à leur dissimuler qu'ils ne sont pas seuls. Ces planchers doubles, ces voutes, impénétrables aux consolations, rendent fidèlement les indices par lesquels un infortuné qui souffre est averti qu'il a au-dessus, ou au-dessous de lui, un autre infortuné non moins à plaindre : les portes, les clefs, ne sont pas plus muettes, ainsi que les verroux. Le fracas des unes, le cliquetis des autres, le lourd roulement des troisièmes retentissent au loin dans les volutes de pierres qui forment les escaliers, & se propagent d'une manière effrayante dans le vuide immense des tours. Il m'étoit facile par-là de supputer combien j'avois de voisins, & c'étoit une nouvelle source de convulsions.

Sentir que l'on a sur sa tête ou sous ses pieds un être malheureux à qui l'on pourroit donner, ou de qui l'on pourroit recevoir du soulagement ; l'entendre marcher, soupirer ; penser qu'on n'en est éloigné que d'une demi-toise; combiner sans cesse le plaisir de franchir cet espace & l'impossibilité d'y réussir; avoir également à s'affliger, & du fracas qui annonce un nouveau-venu condamné à partager vos fers, sans les alléger, & du silence de ces cachots, qui vous avertit qu'un des compagnons de votre misère a été plus fortuné que vous, c'est un supplice dont on ne peut pas se former d'idée. Ce sont ceux de *Tantale*, d'*Ixion*, de *Sisyphe*, réunis.

Et il en occasionne quelquefois un plus horrible encore. Je ne puis douter que le camarade qui occupoit la chambre au-dessous de moi ne soit mort, naturellement ou non, pendant mon séjour. Une nuit, vers deux heures du matin j'entendis dans l'escalier un grand tumulte : on montoit en grand nombre, & avec fracas : on s'arrêta à cette porte : il y eut des débats, des contestations, des allées, des venues : j'entendis très-distinctement des efforts, des gémissemens.

Etoit-ce une visite secourable, ou une exécution? Introduisoit-on un médecin, ou un bourreau? Je l'ignore : mais trois jours après, à la même heure, j'entendis à la même porte un bruit moins violent; je crus distinguer qu'on montoit, qu'on posoit, qu'on remplissoit, qu'on accommodoit une *biere* : à ces formalités succéda une forte odeur de *genièvre*. Ailleurs ce seroit un évènement tout simple : mais à la *Bastille*, & à une pareille heure; & à deux pas de soi!

Si le régime de la *Bastille* met ainsi à la discrétion de ses gardiens, par cette voie, & par une autre dont je parlerai bientôt, la vie de quiconque y est précipité, ils veulent aussi qu'elle ne dépende absolument que d'eux ; ils savent, & c'est une de leurs plus précieuses jouissances, que leur régime doit produire le désespoir : ils savent qu'il y a mille momens où celles sur-tout de leurs victimes dont aucune action repréhensible n'a flétri le courage, ni l'habitude servile de l'obéissance énervé la sensibilité, seroient tentées de se soustraire par un effort passager à cette longue suite d'agonies : & c'est précisément ce qu'ils ne veulent pas ; ils craignent encore plus qu'un de leurs captifs ne se dérobe aux horreurs dont ils le nourrissent, par la mort, que par la fuite. Ces *Phalaris* redoutent sur-tout qu'on ne sente pas assez long-tems le feu de leur Taureau : & par un art qui ne peut se trouver qu'à la *Bastille*, les précautions mêmes qu'ils multiplient contre ces prétendus accidens, sont aussi humiliantes que douloureuses, aussi propres à entretenir le desir de la catastrophe qu'elles préviennent, qu'à en empêcher l'exécution.

J'ai dit qu'on ne laissoit à un prisonnier ni *ciseaux*, ni *couteaux*, ni *rasoirs*. Ainsi, quand on lui sert les alimens que ses larmes arrosent, ou que ses soupirs repoussent, il faut que le *Porte-clef* lui coupe chaque fois ses morceaux : & il se sert d'un couteau arrondi par le bout, qu'il a soin chaque fois de remettre dans sa poche, après la dissection.

On ne peut pas empêcher ses oncles de croître, ni ses cheveux de pousser; mais il ne lui est pas permis de se débarrasser de ces progrès incommodes, sans en acheter la faculté par une humiliation ; il faut qu'il prie qu'on lui prête des *ciseaux ;* le *Porte-clef* doit rester présent tant qu'il en fait usage, & les remporter sur-le-champ.

Quant à *la barbe*, le Chirurgien de la maison est chargé de la raser : c'est un office dont il s'acquitte deux fois par semaine : lui, & le *Porte-clef*, agent ou sur-intendant général de tout ce qui se passe dans les *Tours*, veillent soigneusement à ce que la main du *Captif* n'approche pas de l'étui où sont renfermés les formidables instrumens : on ne les développe, comme la hache du bourreau qui décapite, qu'au moment de s'en servir : on se souvient encore à la *Bastille* du fracas qu'y occasionna la témérité de M. *De Lally*, quoique dans un tems où il ne prévoyoit guère sa destinée : il s'empara un jour d'un *rasoir ;* il refusa, en riant, de le rendre. Cela n'annonçoit pas des desseins bien furieux : le tocsin n'en sonna pas moins dans tout le château. La garde étoit déjà mandée : vingt bayonnettes marchoient ; on préparoit peut-être les canons, quand heureusement la révolte finit par la réintégration du terrible outil dans son étui.

C'est une dérision que de prétendre, comme on le fait, que cette vigilance a autant pour objet la sûreté des gardiens que celle du captif lui-même. Quel attentat redoute-t-on d'un homme chargé de chaînes appesanties avec tant d'art, pressé par tant de murs, entouré de tant de gardes, isolé avec tant de scrupule ? Mais quel que soit le motif qui fait craindre de laisser de si foibles ressources à sa portée, il est évident que c'est son désespoir que l'on redoute : or on sait que ce désespoir n'est le fruit que des tortures réfléchies dont on l'accable ; & ce n'est que parce qu'on veut déchirer impunément son cœur, qu'on veut aussi que sa main soit impuissante.

J'ai beaucoup parlé jusqu'ici des *Porte-clefs*, sans en indiquer l'emploi. Ce sont les subalternes chargés de ce qu'on appelle le service des *Tours*, c'est-à-dire des prisonniers; & il est bref : il se réduit à distribuer les alimens dans chacune des mues dont le district leur est confié. Ils y entrent trois fois par jour, à sept heures du matin, à onze, & à six du soir. Ce sont-là les heures du *déjeûner*, du *dîner*, & du *souper*. On les veille pour s'assurer qu'ils ne restent que le tems à-peu-près de déposer leur fardeau : ainsi sur les 24 siècles qui composent une journée, ou plutôt une nuit à la *Bastille ;* un prisonnier n'a que ses trois courtes distractions.

Les *Porte-clefs* sont dispensés même de *faire les lits*, de *balayer les chambres*. On prend encore pour prétexte que quand ils y seroient occupés on pourroit les maltraiter, les assassiner, &c. on appréciera la justesse du motif : mais la dispense est constante. Ainsi le vieillard, l'infirme, la femme délicate, l'homme de lettres étranger à ces manipulations du menage, l'homme opulent qui ne les connoît pas mieux, sont tous soumis à la même étiquette.

A la vérité les *Porte-clefs* ne s'y assujettissent pas toujours : ils font des exceptions, & rendent quelquefois des services qu'on n'a pas droit d'exiger d'eux : mais il faut qu'ils s'en cachent, comme d'une correspondance illicite : la furie déguisée en Gouverneur qui prend l'alarme dès qu'en passant devant un de ses cachots il n'y entend pas gémir, les puniroit bien vîte des consolations qu'ils y auroient portées.

C'est dans ce silence absolu, dans ce dénuement général, il faut le répéter; dans ce néant plus cruel que celui de la mort, puisqu'il n'exclud point la douleur, ou plutôt qu'il engendre toutes les espèces de douleurs; c'est dans cette abstraction universelle, il faut ne point se lasser de le redire, que ce qu'on appelle un *Prisonnier d'Etat* à la *Bastille*, c'est-à-dire un homme qui a déplu à un Ministre, à un Commis, à un de leurs Valets, est livré sans ressource d'aucun genre, sans autre distraction que ses pensées, & ses alarmes, au sentiment le plus amer qui puisse affecter un cœur que le crime n'a point dégradé, à celui de l'innocence accablée, qui se voit périr sans pouvoir se manifester; c'est delà qu'il s'épuise à réclamer sans fruit le secours des loix, la communication de ce qu'on lui impute, & l'assistance de ses amis : non-seulement ses prières, ses gémissemens, son désespoir ne servent à rien, mais il sait, on lui répète qu'ils ſont inutiles ; c'eſt la ſeule connoiſſance qu'on lui donne. Abandonné à toute l'horreur du déſœuvrement, de l'ennui, augmentée par l'incertitude de l'avenir, il ſent journellement ſon exiſtence s'éteindre, & il ſent en même tems qu'on ne la lui conſerve que pour prolonger ſon ſupplice. La dériſion & l'inſulte ſe joignent à la cruauté, pour redoubler l'amertume des privations dont on le nourrit.

Par exemple, au bout de huit mois l'idée me vint d'éluder un peu ma nullité en me rappellant mon ancienne géométrie : je demandai un *étui de mathématiques :* j'avois eu ſoin d'en fixer la grandeur à *Trois pouces*, afin de prévenir même le prétexte d'un refus. Il fallut ſolliciter cette grace pendant deux mois ; il fallut peut-être tenir un *Conſeil d'Etat.* Enfin elle eſt accordée : l'étui arrive, ... *ſans compas.* Je me récrie : on me répond froidement que les *armes* ſont défendues à la *Baſtille.*

Il fallut ſolliciter de nouveau, ſupplier, envoyer de longs mémoires ; diſcuter ſérieuſement s'il y a quelque différence entre un étui de mathématiques, & un canon. Après un autre mois, grace à la charité, à l'imagination du Commiſſaire du château, les compas ſont venus : mais comment ? garnis en *os.* On avoit fait faire, à mes dépens, de cette matière, tout ce qui dans un étui de mathématiques doit être d'acier.

Je conſerve précieuſement cette garniture

géométrique d'un genre nouveau. Après en avoir pendant ma vie orné mon cabinet, j'aurai soin en mourant qu'elle soit consignée dans un dépôt où elle puisse trouver des spectateurs : elle y figurera avec honneur au milieu des monumens de l'industrie des peuples barbares, dont nos voyageurs nous rapportent quelquefois des échantillons. Nulle part on ne trouvera d'invention de sauvage qui mérite autant la curiosité publique.

Par une suite de ce principe qu'un homme ainsi mis sous *la main du Roi*, ou plutôt du Ministère, doit devenir invisible, sans exception ; pour ne pas déroger à cet escamotage atroce, on a voulu que l'existence des prisonniers dépendît exclusivement des mains qui sont employées à la cacher. Le Gouverneur en entreprend la nourriture à forfait, & cette gargotte royale est lucrative.

Le Ministère a fondé à la *Bastille* quinze places qui sont payées, occupées ou non, sur le pied de dix livres de *France*, ou à-peu-près cinq florins de *Brabant*, ou huit *shillings* d'*Angleterre*, par jour, ce qui fait au Gouverneur un revenu de près de 2500 Louis-d'or par an.

Ce n'est pas tout : en fabriquant une *Lettre-de-cachet* qui lui donne un commensal, on ajoute à la fondation primitive une somme par tête, proportionnée à sa qualité. Ainsi un *Colporteur*, un homme du bas étage, apporte à la marmite commune, outre la piſtole fondée, un écu (*a*) d'extraordinaire par jour ; un *Bourgeois*, un *Légiſte* de la claſſe inférieure, *cent ſols* (*b*); un *Prêtre*, un *Financier*, un *Juge* ordinaire, 10 liv. T. (*c*) ; un *Conſeiller au Parlement*, 15 liv. T. (*d*) ; un *Lieutenant Général* des armées, 24 liv. T. (*e*); un *Maréchal de France*, 36 liv. T. (*f*). J'ignore quel eſt dans ce cadaſtre miniſtériel le taux d'un *Prince du Sang*.

Enfin de plus on a accordé au Gouverneur le privilège de faire entrer dans ſes caves près de cent pièces de vin, franches de tous droits; ce qui fait encore un objet conſidérable, qui devroit ſans doute faciliter & aſſurer le ſervice de ſes tables.

Que fait-il? Il vend ſon droit d'entrée à un cabaretier de *Paris*, nommé *Joli*, qui lui en rend *deux mille écus* : il lui prend en échange du vin au plus bas prix pour l'uſage des priſonniers, & ce vin, comme on s'en doute bien, n'eſt que du vinaigre. Il regarde la fondation annuelle des *dix francs par jour*, comme un revenu fixe de ſa place, duquel il ne doit aucun compte, & qui n'a rien de commun avec ſes écots, il n'y emploie que cet excédent, cet extraordinaire que la libéralité du Prince n'a deſtiné qu'à les augmenter ; & cet excédent même il ſe garde

(*a*) Une demi-couronne.

(*b*) Quatre shellings.

(*c*) Huit shellings.

(*d*) Douze shellings.

(*e*) Un louis-d'or.

(*f*) Un louis & demi.

bien de le consommer en entier. Les détails à ce sujet ne sont pas nobles; mais ils n'en méritent pas moins d'être connus. Il y a des prisonniers à la *Bastille*, à qui l'on ne sert que quatre onces de viande par repas. Les portions ont été pesées plus d'une fois : c'est un fait connu de tous les subalternes, qui en gémissent. (26) Rien de plus facile à vérifier, dès qu'on voudra garantir du ressentiment du Chef, les inférieurs qui peuvent démasquer sa sordide avarice.

Il y a des tables moins dénuées; je l'avoue : la mienne étoit du nombre. Est-ce un mal, est-ce un bien, que cette abondance pour ceux à qui on l'accorde? Je n'ose le décider : si elle a quelque chose de moins humiliant, elle peut aussi cacher des pièges bien redoutables. J'ai connu des gens qui dans tout leur séjour à la *Bastille* n'ont vécu que de lait : d'autres, tels que M. *de la Bourdonnaie*, ont sollicité, & obtenu la permission de se faire apporter des alimens de chez eux. Elle m'a été constamment refusée, & même pendant huit mois celle de me faire acheter quoi que ce soit, sans exception, comme je l'ai dit, quoique j'eusse de l'argent déposé dans les mains des Officiers du Château.

J'y suppléois par une attention scrupuleuse à ne manger jamais que très-peu de chaque plat; à laver dans plusieurs eaux ce qui me paroissoit suspect; & je n'ai pas pu, malgré ces précautions, éviter ce que je redoutois avec trop de raison. Le 8e. jour depuis mon entrée j'ai eu des coliques & des vomissemens de sang qui ne m'ont presque plus quitté, & dont les accès redoublés de tems en tems décéloient un renouvellement de causes.

Je ne me suis ni mépris, ni tû sur ces causes. J'ai écrit cent fois au *Lieutenant Général* de *Police*, que l'on m'*empoisonnoit* : Je l'ai dit verbalement à son substitut : je l'ai dit au *Médecin*, au *Chirurgien*, aux officiers de la maison eux-mêmes : un rire insultant est la seule réponse que j'aie jamais reçue.

Si l'on avoit voulu vous empoisonner, existeriez-vous, m'ont déjà dit plusieurs personnes, à qui j'ai parlé de cette étrange anecdote : & la même objection sera peut-être répétée par d'autres qui la liront ici : mais ce n'est que faute de réflexion qu'elle peut paroître spécieuse. Non, sans doute, je n'aurois pas échappé à cette volonté meurtrière, si elle avoit été celle du Gouvernement : mais mon existence, l'opiniâtreté vivace de ma constitution ne justifient que lui. Les mains qui ne lui refuseroient pas une lâcheté de cette nature, s'il étoit capable de l'exiger, le sont-elles de resister à des sollicitations lucratives qui peuvent venir d'ailleurs ?

Par l'inconcevable régime dont il est question ici, rien de ce qui serviroit à distraire, ou à consoler un prisonnier, ne peut arriver jusqu'à lui ; mais tout ce qui est propre à porter à son ame, ou à sa santé, des atteintes irréparables n'éprouve aucune difficulté. L'*Etat Major* supérieur est composé de quatre *Officiers;* l'inférieur de quatre *Porte-clefs;* la cuisine de quatre *Marmitons.* Ces douze hommes savent tous qui ils servent, malgré les ridicules minauderies avec lesquelles on feint de vouloir leur en dérober le secret : tous sortent, se répandent journellement dans *Paris :* ils y ont leurs maisons, leurs femmes, leurs, amis, leurs connoissances. Est-il donc si difficile de trouver un scélérat parmi cette troupe, dont l'état même n'est qu'une suite de fonctions criminelles ? L'est-il davantage pour celui qu'on aura une fois gagné de distinguer la portion qu'il doit rendre mortelle, & dont rien ne lui défend l'accès ? On ne peut pas présumer de pareilles horreurs! mais toutes celles dont il s'agit ici les présumeroit-on ?

Le danger est si peu imaginaire qu'autrefois il y avoit toujours dans la cuisine, auprès de la marmite & des fourneaux, un sentinelle, chargé de tenir un compte exact de tous ceux qui en approchoient. Cette précaution salutaire encore plus qu'injurieuse a été supprimée il y a quelques années : les attentats dont elle indiquoit évidemment la possibilité en sont-ils devenus plus difficiles à commettre ?

Celui dont j'étois l'objet n'a pas été consommé! mais l'éclat de mes plaintes a pu déconcerter la main qui l'avoit promis, & mes ſoins rendre en partie ſes efforts inutiles. Je ne prétens pas que tous ceux qui ont reçu mes triſtes confidences à ce ſujet fuſſent complices du crime qui les occaſionnoit : le vrai coupable à pu craindre en vérifiant avec trop de rapidité mes preſſentimens, qu'il n'en réſultât des recherches. La langueur habituelle où j'étois ; mon péril imminent à la fin de 1781, ma mort regardée alors comme inévitable ; ont pu faire croire que d'autres tentatives étoient inutiles.

Et quand j'aurois pu me tromper ſur des accidens auſſi marqués, qui ne ſont pas encore ceſſé à beaucoup près ; quand ces appréhenſions & ſes ſymptômes n'auroient été le fruit que d'une imagination trop vivement frappée, n'eſt-ce pas déjà un véritable crime pour la *Baſtille*, que d'occaſionner de ſemblables craintes, & de produire une impuiſſance abſolue de ſe ſouſtraire aux manipulations ſecrètes qui pourroient les juſtifier ?

De plus, n'eſt-ce pas dans tous les cas une vraie diſpute de mots ? Je veux bien ſuppoſer que dans un lieu où l'*Italien Exili* tenoit-il y a un ſiècle école de poiſon, (27) l'on n'ait pas conſervé quelques-unes de ſes recettes, & qu'un crime de plus puiſſe répugner à des hommes dont, encore une fois, la miſſion ſpéciale eſt d'en commettre ; mais un ſéjour de vingt mois, avec tous ſes acceſſoires dans un lieu où la vie n'eſt qu'une ſucceſſion de morts, n'en attaque-t-il pas eſſentiellement la ſource ? Près de deux ans passés dans ces cachots, sans air, sans exercice, dans les angoisses de l'ennui, dans les convulsions de l'attente, ou plutôt du désespoir, font-ils moins d'impression sur les organes que le venin le plus actif? Elle peut être plus lente : est-elle moins sûre? Entre ces deux expédiens destructeurs, y a-t-il d'autre différence que le tems?

Mais est-on absolument privé d'air & d'exercice, diront ceux qui ont lu les anciennes relations de la *Bastille*, & ceux mêmes qui s'y sont promenés par curiosité : car on y admet les curieux : le Gouverneur, quoique logé au dehors, s'y rend souvent pour recevoir ses visites: tous ses collègues depuis le *Lieutenant du Roi*, jusqu'au dernier *Marmiton*, y recoivent les leurs : dans les jours de réjouissance, de feux d'artifices, d'illuminations, on reçoit sur les tours, & même en foule le public qui s'y rend pour jouir du coup-d'œil.

Dans ces occasions elles n'offrent que l'image du calme & de la paix : tous ces spéculateurs étrangers ignorent ce qui se passe, ce qui est renfermé sous ces voutes impénétrables dont ils admirent le dehors : tel d'entr'eux foule aux pieds le sepulchre de son ami, de son parent, de son père, qui le croit à deux cens lieues de lui, bien tranquille, occupé de ses affaires, ou livré à ses plaisirs.

Mais enfin tous ceux à qui l'on permet cette

inſpection extérieure, voyant un jardin aſſez vaſte, des plattesformes très-élevées, où par conſéquent l'air eſt pur & la vue pittoreſque, & entendant aſſurer que tout cela eſt, dans les jours ordinaires, à l'uſage des priſonniers, ſortent perſuadés que ſi la vie n'eſt pas douce à la *Baſtille*, ces adouciſſemens peuvent cependant la rendre ſupportable. Cela pouvoit être autrefois : voici ce qui eſt arrivé depuis peu.

Le Gouverneur actuel, nommé *De Launay*, eſt un homme ingénieux, qui tire parti de tout : il a réfléchi que le jardin pouvoit être pour lui un objet d'économie intéreſſant ; il l'a loué à un jardinier qui en vend les légumes, & les fruits, & lui en paie une ſomme fixe par an : mais pour n'être pas gêné dans ſon marché, il a cru qu'il falloit en exclure les priſonniers : en conſéquence il eſt venu une Lettre ſignée *Amelot*, qui défend le Jardin aux priſonniers.

Quant aux plattesformes des tours, quoiqu'à l'élévation où elles ſont, il ſoit à-peu-près impoſſible d'y être reconnu, ou de reconnoître; cependant comme elles donnent ſur la rue *St. Antoine*, dont on n'a pas encore chaſſé le public, on ne permettoit ci-devant aux priſonniers de s'y promener que ſous l'eſcorte d'un des geoliers de la maiſon, ſoit *Porte-clef*, ſoit *Officier.* Ils ont trouvé dans ces derniers tems, c'eſt-à-dire depuis environ trois ans, que ces corvées les gênoient ; d'ailleurs il en réſultoit des converſations avec le factionnaire : la vigilance de

M. *De Launay* en a pris l'alarme. En partie par condefcendance pour la pareffe de fes collègues ; en partie par égard pour fes foupçons, il eft venu une Lettre fignée *Amelot*, qui interdit le plattesformes, comme le jardin.

Refte donc pour la promenade *la cour* du château : c'eft un carré long de feize toifes fur dix. Les murailles qui la ferment ont plus de cent pieds de haut, fans aucune fenêtre : de forte que dans la réalité c'eft un large puits, où le froid eft infupportable l'hyver, parce que la bife s'y engouffre ; l'été, le chaud ne l'eft pas moins, parce que l'air n'y circulant pas, le foleil en fait un vrai four. C'eft-là le *Lycée* unique où ceux des prifonniers à qui l'on en accorde la faculté (car tous ne l'ont pas) peuvent, chacun à leur tour, fe dégorger pendant quelques momens de la journée de l'air infect de leur habitation.

Mais il ne faut pas croire que l'art de martyrifer qui les rend fi douloureufes fe relâche même pendant ces courtes abfences. D'abord on conçoit quelle promenade ce peut être qu'un femblable efpace, fans abri quand il pleut ; où l'on n'éprouve des élémens extérieurs que ce qu'ils ont de fâcheux ; où dans l'apparence d'une ombre de liberté, les fentinelles dont on eft entouré, le filence univerfel, & l'afpect de l'horloge à laquelle feule il eft permis de le rompre, ne rappellent que trop la fervitude.

C'eft une remarque curieufe. L'horloge du

château donne ſur cette cour. On y a pratiqué un beau cadran : mais devinera-t-on quel en eſt l'ornement, quelle décoration l'on y a jointe ? Des fers parfaitement ſculptés. Il a pour ſupport deux figures enchaînées par le col, par les mains, par les pieds, par le milieu du corps : les deux bouts de ces ingénieuſes guirlandes, après avoir couru tout autour du cartel, reviennent ſur le devant former un nœud énorme; & pour prouver qu'elles menacent également les deux ſexes, l'artiſte guidé par le génie du lieu, ou par des ordres précis, a eu grand ſoin de modeler un *homme* & une *femme* : voilà le ſpectacle dont les yeux d'un priſonnier qui ſe promène ſont récréés : une grande inſcription gravée en lettre d'or ſur un marbre noir, lui apprend qu'il en eſt redevable à M. *Raymond Gualbert de* SARTINES, &c. (28)

Et ne penſez pas qu'il en jouiſſe autant qu'il le voudroit. On meſure avec économie le tems où il lui eſt permis de venir y lever les yeux vers le ciel, qu'il ne découvre qu'à moitié. Cette meſure dépend du nombre des aſpirans. Comme l'un ne deſcend jamais que l'autre ne ſoit remonté; & que, grace aux lettres ſignées *Amelot*, cet entonnoir commun eſt le ſeul qui reſte à leur partager; ſi la *Baſtille* eſt fort peuplée, les portions ſont plus petites. Je m'appercevois de l'arrivée d'un nouvel hôte, ou d'un nouveau promeneur, par le contingent que l'on me ſeſoit fournir à ſes plaiſirs.

Mais gardez-vous d'imaginer encore que la

jouiſſance de ce ſoulagement ainſi modifié ſoit paiſible & complète. Cette cour eſt l'unique chemin de la cuiſine, des viſites que reçoivent les officiers du château; c'eſt par-là que paſſent les pourvoyeurs de toute eſpèce, les *ouvriers*, &c. Or comme il faut ſur-tout qu'un priſonnier ſoit inviſible, & qu'il ne voie rien, quand il ſe préſente des étrangers, on l'oblige de s'enfuir dans ce qu'on appelle le *Cabinet :* c'eſt un boyau de douze pieds de long, ſur deux de large, pratiqué dans une ancienne voute; c'eſt là le *Cabinet*, où à l'approche d'une botte d'herbes il faut ſe réceler au plus vîte, avec le ſoin d'en fermer ſcrupuleuſement la porte ſur ſoi; car au moindre ſoupçon de curioſité la moindre punition ſeroit une clôture abſolue : & ces alternatives ſont fréquentes : j'ai ſouvent compté que ſur une heure, durée de la plus longue promenade, il y avoit trois quarts d'heure conſumés dans l'inaction humiliante & cruelle du *Cabinet*.

J'ignore ſi cette police eſt juſtifiée par une Lettre ſignée *Amelot;* mais il eſt ſûr qu'elle eſt nouvelle. Juſqu'à ces derniers tems, paſſé neuf heures du matin aucun étranger n'étoit admis dans la cour ſans la plus preſſante néceſſité : les proviſions étoient faites; les viſites ſe recevoient au dehors; & le manège du *Cabinet* n'avoit lieu que pour des occaſions ſérieuſes qui ſembloient l'excuſer.

Enfin ce n'eſt pas tout : cette promenade même ſi inſuffiſante, ſi cruellement modifiée, devenue, comme le reste, un supplément de souffrance, plutôt qu'une consolation, elle est suspendue journellement, & arbitrairement. Si un curieux demande à voir la *Bastille;* s'il y a quelques réparations qui exigent le passage d'un ouvrier; si M. le Gouverneur a un grand dîner, ce qui nécessite l'entrée & la sortie de ses laquais, attendu que sa maison est dehors, & sa cuisine au dedans; pour tous ces cas il n'y a *point de promenade.*

En 1781, dans les chaleurs qui ont rendu mémorable l'été de cette année, accablé de la saison, & d'un vomissement de sang, d'une foiblesse d'estomac qu'elle n'avoit pas causée, mais qu'elle entretenoit, j'ai passé les mois de *Juillet* & d'*Août* entiers sans sortir de ma chambre; le prétexte étoit un travail qui se fesoit sur les plattesformes: les ouvriers auroient pu y monter par dehors, & ils y montoient: on n'avoit besoin de faire traverser la cour qu'aux pierres qu'il falloit leur fournir: cette opération auroit pu se faire, comme autrefois, tous les jours le matin avant neuf heures: M. *de Launay* avoit trouvé que cela seroit gênant; il lui paroissoit plus court de dire, *Point de promenade!* & il n'y a pas eu de *promenade.*

Pour apprécier cette privation, il faut songer qu'elle vient à la suite de toutes celles par lesquelles il est possible de bourreler des hommes, sans exception; il faut songer que par-là, non-seulement on expose un prisonnier à des périls phy-

physiques, on nécessite l'altération de sa santé; mais que le mouvement du corps étant sa seule ressource pour endormir un peu les convulsions de son ame, en la lui ôtant on rend celles-ci plus poignantes; que quand il n'a pas une minute dans la journée pour changer au moins d'angoisse, son cœur toujours grossi par les soupirs semble heurter plus douloureusement les murs qui le pressent de toutes parts.

Aussi dans les prisons de la justice ordinaire cette rigueur est regardée comme la plus fâcheuse de toutes celles qu'il lui soit permis d'employer contre les coupables qu'elle doit convaincre. Le *Secret*, c'est-à-dire une réclusion absolue, n'a lieu que dans les courts intervalles où elle craint que des relations extérieures ne portassent jusqu'à l'accusé des lumières favorables au crime : il est motivé par la situation des lieux, & plus encore par les égards pour l'humanité, qui laissant à tous les prisonniers une libre communication entr'eux, ne permet de la suspendre envers un seul, qu'en l'isolant pour le moment, en le tenant hors de la portée des autres, tant que dure le motif de la suspension; il faut bien interdire la *promenade* à celui-là seul, si l'on ne veut pas l'enlever à tous.

Et encore cette inaction passagère est bien adoucie pour lui, sur-tout s'il est innocent, par les progrès de l'instruction; il voit ses juges, ses accusateurs, ses témoins : il sait ce qu'on lui objecte. Tant qu'on l'interroge, tant qu'on le confronte, il n'eſt pas ſeul : & quand il ſort d'un de ces combats, la ſolitude qui les ſépare lui devient précieuſe, néceſſaire même, pour ſe diſpoſer à en ſoutenir un ſecond.

Mais à la *Baſtille* aucun de ces motifs, ou de ces ſoulagemens ne peut avoir lieu. Le *Secret* y eſt perpétuel : toutes les promenades ſont ſolitaires, comme la demeure : elles ne peuvent donc apporter aucun obſtacle aux ſuccès de l'inſtruction, quand il y en a une, à ſa facilité, à ſon impénétrabilité. Dans ce cas même, les prohiber arbitrairement ; priver un priſonnier de la ſeule minute du jour où il puiſſe lever ſes yeux noyés de larmes vers le ſoleil qui ſemble le fuir, ce ſeroit l'excès de l'injuſtice, comme de la cruauté.

Qu'eſt-ce donc quand il n'y a pas d'inſtruction encore une fois ; quand cette prohibition tombe ſur des hommes contre qui la haine & la vengeance ne peuvent même trouver le prétexte d'une procédure ; quand elle eſt ſoutenue des mois entiers ; quand elle dépend des caprices d'un ſatellite auſſi lâche que barbare, qui, tout fier de pouvoir impunément outrager dans ſon ſort des hommes honnêtes, ne ſe croit honoré que quand il inſulte à leurs miſères, & puiſſant que quand il les déchire ?

On dira que ces dernières particularités tiennent au caractère des Chefs actuels plutôt qu'à la conſtitution fondamentale de la maiſon. Cela eſt vrai : elle auroit bien aſſez de croix par elle-même, quand un caprice paſſager n'y ajouteroit pas celles-là ; mais il les y ajoute : auſſi ai-je annoncé d'avance que depuis peu d'années les barbaries de la *Baſtille* s'étoient accrues. Autrefois on s'occupoit des priſonniers : aujourd'hui l'on s'en joue.

Et, ce qui paroîtra peut-être bien étrange, les additions, ou inhumaines ou honteuſes, dont on enrichit ce régime déjà ſi honteux, ſi inhumain par lui-même, s'étendent juſqu'aux mercénaires qu'il emploie : autrefois, comme je l'ai obſervé, les officiers de l'*Etat major* jouiſſent du droit de voir chacun, ſeuls, & quand ils le jugeoient à-propos, les priſonniers confiés à leur vigilance commune. Etant réputés tous également fidèles, leurs viſites particulières n'inſpiroient ni ſoupçons ni alarmes ; & comme ils ſont quatre, il s'en trouvoit de tems en tems quelqu'un moins impitoyable, qui conſacroit quelques momens de ſa journée à des converſations toujours précieuſes pour ceux qui les partageoient.

Cette condeſcendance a déplu au Miniſtère préſent : il eſt venu une Lettre toujours ſignée *Amelot*, qui a défendu aux officiers d'entrer jamais ſeuls dans les tours : il faut qu'ils y aillent au moins deux, non compris le *Porte-clef* : les viſites du Médecin ſont ſujettes à la même formalité : il n'eſt plus permis à ces dogues de marcher qu'accouplés.

Ce régime monacal a produit l'effet qu'on en attendoit, c'est-à-dire la cessation absolue de ces visites. Dans une meute de cette espèce deux ames également compatissantes sont difficiles à trouver. D'ailleurs il faudroit se concerter, se tenir prêts pour la même minute: de plus ils ne s'aiment pas entr'eux: ils sont jaloux les uns des autres: ils se défient les uns des autres: flétris, même à leurs propres yeux, par leur abominable métier, ils tremblent des interprétations que pourroit donner aux choses les plus simples l'adjoint, ou plutôt l'espion qui doit les suivre: enfin cette innovation étant un indice d'augmentation de dureté dans le Ministère, elle est devenue pour eux un motif d'augmentation d'insensibilité. Ainsi ce leger adoucissement est encore banni de la *Bastille*, & il ne l'est que depuis trois ans.

Voilà ce qu'y est la santé. Peut-être voudra-t-on savoir ce qu'y devient une maladie. Le Lieutenant de Police d'*Argenson*, écrivant au commencement de ce siècle à Mde. de *Maintenon*, au sujet des prisons d'état, lui disoit: » Je puis & je dois vous assurer que les pri- » sonniers n'y ont rien à desirer par la *nourri-* » *ture* & le *vêtement*. (29) J'ajouterai que les » Commandans de la *Bastille*, & de *Vincennes*, » ont pour les leurs des attentions CHARI- » TABLES qui vont fort au-delà de ce qu'on » pourroit leur proposer ou leur prescrire: à » la moindre maladie, on leur donne tous les » secours spirituels ou temporels qui con- » viennent à leur état; mais la privation

» de la Liberté les rend insensibles à tout autre » bien. »....

Quoiqu'il soit permis de trouver un peu étrange le rapprochement de ces deux mots, la *Charité*, & la *Bastille*; quoiqu'on puisse soupçonner par le sang-froid de la dernière phrase que le Lieutenant de Police d'*Argenson* en parlant ainsi tenoit le langage d'un *Lieutenant de Police*, c'est-à-dire d'un homme voué par état à ces barbaries, & obligé de donner raison à ceux que leur profession rend ses complices nécessaires; rien n'empêche cependant de supposer qu'il y avoit dans ses assertions quelque chose de vrai : mais en ce cas tout est bien changé : ce ne seroit qu'une preuve de plus de la dépravation introduite depuis peu dans ces lieux où dès le commencement on auroit pu le croire à son comble.

D'abord, pour les incommodités passagères, ou les attaques subites qui se guérissent avec du soin, & des secours prompts, il ne faut plus en avoir, ou il faut y succomber, si elles sont sérieuses : il n'y a point de secours à attendre; du moins dans la nuit. Chaque chambre est fermée de deux portes épaisses, ferrées par dehors & par dedans; & chaque tour en a une plus épaisse, mieux renforcée encore. Les *Porte-clefs* couchent dans une pièce éloignée, absolument isolée : il n'y a point de voix qui put pénétrer jusqu'à eux.

On a la ressource de frapper à la porte : mais

une apoplexie, un coup de ſang, en laiſſeroient-ils la force ? il eſt douteux même qu'en frappant on fût entendu, ou que ces gens une fois couchés vouluſſent entendre.

Il y a cependant pour ceux à qui le mal auroit laiſſé l'uſage de la voix & des jambes un moyen d'appeller du ſecours. Le foſſé qui enveloppe le château n'a qu'environ cent cinquante pieds de large : le revêtement du côté oppoſé eſt couronné d'une galerie qu'on appelle le *chemin des rondes*, où ſont établies des ſentinelles. Les fenêtres donnent ſur ce foſſé ; il n'eſt pas impoſſible au malade de crier à l'aide ; & ſi la grille intérieure qui bouche ſon ſoupirail, comme on l'a vu, n'eſt pas trop avancée en dedans ; s'il a la voix forte ; s'il ne fait pas de vent, ſi le ſentinelle ne dort pas, il n'eſt pas impoſſible qu'il ſoit entendu.

Alors le ſoldat crie à ſon voiſin, qui crie plus loin. L'alarme en circulant arrive au corps-de-garde : le caporal de ſervice vient voir *ce qu'il y a ;* inſtruit de quelle fenêtre eſt parti le gémiſſement, il retourne paſſer par la porte, ce qui conſume du tems : il entre dans l'intérieur ; il va réveiller un *Porte-clef ;* qui va réveiller le laquais du *Lieutenant de Roi*, qui va réveiller ſon maître, pour avoir la clef : car toutes, ſans exception, ſont dépoſées chaque ſoir chez cet officier. Il n'y a point de place de guerre où le ſervice ſoit plus régulier que la *Baſtille ;* & à qui y fait-on la guerre ?

On cherche la clef : on la trouve. Il faut encore aller éveiller le *Chirurgien* : il faut éveiller le *Frère Chapeau* qui doit completter l'escorte. Il faut que tous ces gens-là s'habillent : au bout de deux heures la troupe se rend à grand bruit chez le malade.

On le trouve, ou baigné dans son sang, s'il en vomit, & sans connoissance, comme il m'est arrivé ; ou suffoqué par son apoplexie, comme cela est arrivé à d'autres. J'ignore quel parti l'on prend quand il est mort sans ressource : s'il lui reste un peu de respiration, ou s'il en reprend, on lui tâte le pous ; on lui dit d'avoir patience, qu'on écrira le lendemain au médecin, & on lui souhaite le bon soir.

Or ce Médecin, sans l'aveu duquel le Chirurgien-Apothicaire de la maison n'oseroit pas donner une pillule, demeure aux *Thuileries* ; c'est-à-dire à trois mille de la *Bastille*. Il a des pratiques : il a une charge chez le *Roi*, une autre chez *Monsieur*. Il est souvent à *Versailles* pour son service : il faut l'attendre. Il vient enfin : mais il est payé à l'année, & payé également pour ne rien faire, comme pour agir : quelque honnête qu'il soit, il doit être porté naturellement à trouver la maladie légère, afin que les visites soient moins exigibles. On est d'autant plus porté à le croire qu'on l'est aussi à soupçonner de l'exagération dans les plaintes du prisonnier ; que la négligence de sa parure, l'abattement habituel de sa personne, le serrement non moins habituel de son cœur ne permettent pas de remarquer d'altération fur fon vifage, ni dans fon pouls : l'un & l'autre font toujours ceux d'un malade ; ainfi il a la triple douleur, 1°. de fon mal ; 2°. de fe voir foupçonné d'impofture, & l'objet des railleries ou des duretés des officiers, car les monftres dans ces cas-là s'en permettent ; 3°. d'être privé de tout foulagement jufqu'à ce que la maladie devienne affez violente pour le mettre en danger.

Alors même fi on lui donne quelques remèdes, ce n'eft pour lui qu'un tourment de plus : il faut fonger à la police de la maifon : chaque prifonnier enfermé à part, feul jour & nuit, malade ou en fanté, ne voit, comme je l'ai déjà dit, fon *Porte-clef* que trois fois par jour. Lui donne-t-on un médicament ! On le pofe fur fa table, & l'on s'en va. C'eft à lui à le faire chauffer, à le préparer, à fe gouverner quand il opère, heureux fi le Cuifinier dérogeant à la règle à la générofité de lui réferver un bouillon, le Porte-clef celle de le lui porter, & le Gouverneur celle de le permettre. Voilà comme font traités les malades ordinaires, ceux qui confervent affez de forces pour fe traîner du lit à la cheminée.

Mais quand ils font à l'extrémité, accablés au point de ne pouvoir quitter la couche vermoulue où ils gifent, on leur donne une *garde.* Et qu'eft-ce que cette garde ? Un foldat invalide, lourd, groffier, brutal, incapable d'attentions, de foins, de rien de ce qui eft néceffaire à un malade : mais il y a bien pis, c'eſt que ce ſoldat une fois attaché à vous ne peut plus vous quitter ; il devient priſonnier lui-même : ainſi il faut d'abord acheter ſon conſentement, & le déterminer à s'enfermer avec vous tant que durera votre captivité ; & ſi vous en revenez, il faut vous réſoudre à ſupporter l'humeur, le mécontentement, les reproches, l'ennui de ce compagnon qui ſe venge bien ſur votre ſanté des ſervices apparens qu'il a prêtés à votre maladie. Appréciez maintenant la ſincérité du Lieutenant de Police d'*Argenſon*, quand il parloit des ſecours temporels de la *Baſtille*, & de la *Charité* des Gouverneurs.

Quant au *Spirituel*, ſi ces hommes de fer, incapables de pudeur, ou de pitié, l'étoient au moins de remords, oſeroient-ils même prononcer ce mot ? Peut-il rappeller autre choſe que leurs outrages à la religion ? Ils ne la reſpectent pas plus que l'humanité.

D'abord ne va point qui veut à la *Meſſe*, à la *Baſtille ;* c'eſt une grace ſpéciale, une faveur exquiſe, qui n'eſt accordée qu'à un petit nombre d'élus. J'avoue qu'elle m'a été offerte : le premier jour on m'invita, on me conduiſit aux *Tribunes*, où il faut être caché pour en jouir : je n'y reſtai pas long-tems. Ce que la ſervitude & les fers ont de plus horrible vous ſuit, vous accable juſqu'au pied de l'autel.

On traite la Divinité à la *Baſtille*, auſſi leſtement que ſes images. La *Chapelle* eſt le deſſous d'un colombier garni de pigeons que nourrit le *Lieutenant de Roi :* elle peut avoir ſept à huit pieds en carré. Sur une des faces on a conſtruit quatre petites cages, ou niches, qui ne peuvent contenir juſte qu'une perſonne ; elles n'ont ni jour, ni air, que quand la porte eſt ouverte, ce qui n'arrive qu'au moment où l'on y entre, & où l'on en ſort. C'eſt-là qu'on ſerre le malheureux dévot : au moment du ſacrifice on tire un petit rideau qui couvre une lucarne grillée, par laquelle il peut, comme par le tuyau d'une lunette, découvrir le célébrant. Cette manière de participer aux cérémonies de l'*Egliſe* m'a paru ſi honteuſe, & ſi affligeante, que je n'ai pas ſuccombé deux fois à la tentation d'en avoir le ſpectacle.

Pour les *Confeſſions*, &c. j'ignore comment on s'arrange ; & je ne crois pas qu'il y ait beaucoup de captifs, même dévots, qui cedent à l'envie d'uſer de cette reſſource. Le Confeſſeur fait partie de l'*Etat Major :* il eſt officier de la maiſon. On peut apprécier quelle ſûreté il y auroit à être ſincère avec lui, ſi l'on avoit des reproches ſérieux à ſe faire. Son office n'eſt dont qu'un piège, ou une dériſion. Je ne conçois pas comment, on a l'audace de propoſer aux priſonniers de la *Baſtille* d'ouvrir leur ame à un lâche prévaricateur qui proſtitue ainſi la dignité de ſon caractère ; ni comment lui-même ſoudoyé par le pouvoir terreſtre qui les opprime, oſeroit leur parler au nom du Ciel qui le déſavoue.

Je ne puis pas parler de ce qui arrive quand on meurt, confeſſé ou non : j'ignore dans ce cas comment on ſe venge ſur le corps de la fuite de l'ame, & dans quel dépôt on jette ces cendres immobiles, quand on eſt bien ſûr de ne pouvoir plus les tourmenter. Ce qui eſt ſûr c'eſt qu'on ne les rend pas à leurs familles. Certainement depuis que la *Baſtille* exiſte, elle a vu des funérailles : connoît-on un extrait mortuaire qui en ſoit daté, hors celui du *Maréchal de Biron ?* Ces familles ſont donc impitoyablement livrées à la confuſion qui réſulte de l'abſence de leur chef : après en avoir ſouffert tant qu'il exiſte, on leur envie juſqu'au triſte remède que produiroit la certitude de ſon ſort.

Lecteurs dont cette deſcription n'a que trop ſouvent ſerré le cœur, vous croyez être au bout. L'imagination ne vous paroît pas pouvoir aller dans l'art de créer des ſupplices au-delà des raffinemens multipliés que je viens de vous dépeindre. Un aréopage de bourreaux s'indigneroit en ſongeant au ſang-froid avec lequel ces diſpoſitions ont été réfléchies, combinées ; au calme avec lequel on les exécute. Eh bien, voici quelque choſe de plus fort : voici un trait qui m'eſt perſonnel, & qui paſſe tout ce que vous venez de voir.

Depuis le 27 Septembre 1780, juſqu'en Octobre 1781, c'eſt-à-dire pendant DOUZE MOIS, j'étois reſté non-ſeulement dans une privation abſolue de toute eſpèce de correſpondance au dehors, ou avec une correſpondance pire encore que la privation, comme on le verra plus bas; mais dans une ignorance non moins abſolue de ce qui s'y paſſoit en général, ou relativement à moi : on ne m'avoit laiſſé parvenir que les nouvelles propres à augmenter mon déſeſpoir, à m'enlever juſqu'à l'attente d'un avenir moins affreux. Pluſieurs même, par un raffinement auquel on tremble de donner une épithète, étoient fauſſes, fabriquées uniquement pour m'induire en erreur, & pour rendre cette erreur plus amère, ou plus funeſte. (*Voyez la Note 7.*)

Ainſi on me diſoit à moi-même, journellement, & *en riant*, que je ne devois plus m'inquiéter de ce qui ſe paſſoit dans le monde, parce *qu'on m'y croyoit mort :* on pouſſoit le badinage juſqu'à me détailler les circonſtances qu'une rage forcenée, ou une horrible légèreté ajoutoit à ma prétendue fin. On m'aſſuroit que je n'avois rien à attendre de l'empreſſement & de la fidélité de mes amis, moins encore parce qu'ils étoient trompés comme les autres ſur mon exiſtence, que parce qu'ils m'avoient *trahi :* cette double impoſture avoit pour objet, non-ſeulement de me tourmenter, mais tout à la fois de me donner une confiance ſans réſerve pour le ſeul traître que j'euſſe en effet à redouter, & qu'on me préſentoit ſans ceſſe comme le ſeul fidèle; & de pénétrer par la manière dont je recevrois ces inſinuations, ſi j'avois en effet quelques ſecrets qui m'expoſaſſent à des trahiſons.

En Octobre 1781, l'accouchement de la *Reine* m'avoit donné quelques lueurs d'espérance. On n'avoit pas pu me cacher cette nouvelle : j'avois sur ma tête le canon chargé de la publier, & sous les yeux les réjouissances qu'elle produisoit. Ces évènemens étant toujours en *France* l'époque de la rémission même des crimes, l'idée me vint que celui-là pourroit être favorable à l'innocence. J'écrivis une courte lettre à M. le C. de *Maurepas :* connoissant son caractère, j'eus la force de la faire gaie, & presque plaisante. Il en avoit paru touché : ils s'étoit montré disposé à seconder la voix publique déterminée enfin en ma faveur. Ce changement dans ses dispositions ne me fut pas caché; mais de peur qu'il n'en résultât des illusions trop consolantes : on eut soin de m'apprendre en même tems *qu'il étoit mort*, & mort sans avoir rien fait pour moi.

Enfin, en Décembre 1781, ma constitution cédant à tant de maux, & d'épreuves; les manipulations physiques & chymiques qui depuis quinze mois se joignoient aux morales pour la détruire, ayant produit leur effet; me trouvant attaqué de manière à ne pouvoir plus me flatter même de disputer ma vie davantage; sentant à chaque minute approcher celle où j'allois perdre, non pas la lumière que je ne voyois point, mais la sensibilité qui fesoit de mon existence le plus cruel des supplices, j'ai desiré de faire un TESTAMENT. Il falloit pour cela une permission expresse : je l'ai demandée :

j'ai ſupplié les Miniſtres de me permettre de voir l'officier public, qui ſeul pouvoit conſtater mes dernières volontés, & le dépoſitaire de qui ſeul je pouvois tenir les connoiſſances indiſpenſables pour ne pas faire des diſpoſitions illuſoires.

J'ai réitéré journellement pendant deux mois qu'a duré mon danger, les inſtances les plus vives, les plus attendriſſantes, j'oſe le dire, à ce ſujet. Le Médecin de la *Baſtille* a eu la complaiſance de porter lui-même au *Lieutenant de Police*, organe immédiat du Miniſtère en ce genre, une atteſtation de mon état, & du péril imminent que je courois : un refus impitoyable a été l'unique réponſe : de ſorte que, traité comme mort depuis quinze mois; privé de toutes les facultés des vivans ſans exception, hors celle de ſouffrir, je perdois juſqu'à l'eſpoir de jouir, quand j'aurois en effet ceſſé de vivre, des derniers droits qu'en aucun pays on ne refuſe aux morts, du moins à ceux que des arrêts ſolemnels n'ont point dégradé.

C'eſt ainſi que j'ai paſſé les mois de Décembre 1781, & de Janvier 1782 entiers, dans la perſuaſion chaque ſoir, que je ne verrois pas le lendemain; & chaque matin que je n'entendrois pas annoncer la fin du jour, par l'horloge lugubre qui dans cette nuit éternelle marque ſeule la diviſion des tems; &, qu'on y ſonge, cette attente toujours trompée, devenoit ſans ceſſe de plus en plus douloureuſe, par le ſentiment du caprice qui m'envioit juſqu'à la ſatisfaction de laiſſer après moi des traces de bienfeſance, & des marques de ſouvenir aux amis qui pourroient encore chérir le mien.

Voilà un fait : pourra-t-on donner un motif?

On ne peut pas m'objecter le régime de la maiſon, les prétendues loix de cet écueil de toutes les loix : non-ſeulement le délire oppreſſif n'y eſt pas porté juſqu'à l'excès de faire du refus des actes civils une règle dont on ne puiſſe s'écarter : mais il fait quelquefois à ſes victimes une néceſſité de ces actes : la *Baſtille* à un notaire bréveté : il peut donc en général y exercer ſes fonctions : moi-même on m'avoit dans les premiers tems, non pas permis, mais forcé de l'employer.

L'*Exempt*, de la Cour de *France*, quoique ſecondé par le Miniſtre Plénipotentiaire de la *Police* de *Paris*, ayant échoué dans la pourſuite de mes papiers, &c. à *Bruxelles ;* un troiſième adjoint envoyé à leur ſecours n'ayant pas d'abord mieux réuſſi, parce qu'il y a des loix dans ce pays, & qu'elles y ſont reſpectées, on m'a arraché une *procuration* notariée qui a enfin produit une partie de ce que l'on deſiroit : ſi pour pénétrer dans mes ſecrets, & me chercher des crimes, ou s'emparer de mes dépouilles, on avoit pu ſans bleſſer le Code de la *Baſtille*, emprunter le miniſtère d'un officier public, il n'y avoit pas plus d'impoſſibilité ſans doute, ou de danger, à me le permettre pour régler la diſpoſition de ce qu'on m'avoit laiſſé : un

Teſtament n'étoit pas plus illicite qu'une *Procuration.*

Quand il y auroit eu contre moi une accuſation, des indices, une procédure commencée, n'y ayant pas de jugement, le refus du pouvoir de *teſter*, & par conſéquent une confiſcation anticipée, auroit paru une atrocité ſcandaleuſe autant que criminelle : comment faut-il donc le regarder, ou le qualifier, dans la poſition où j'étois; car on ne doit pas l'oublier, n'ayant ni juges, ni procès, ni délits, ni accuſateurs ? N'eſt-ce pas-là le dernier abus du pouvoir, & une des plus fortes preuves de la barbarie avec laquelle on ſe joue à la *Baſtille* de l'exiſtence des citoyens ?

Et qu'on ne diſe pas, je le répète, que la *Baſtille* étant excluſivement deſtinée à renfermer des *Criminels d'Etat*, le régime n'en peut être trop ſévère, ni trop miſtérieux ; qu'ainſi l'accroiſſement de rigueur que je lui reproche, ſeroit dans ſon genre une eſpèce de perfection, puiſqu'on ne peut prendre trop de meſures pour convaincre, pour déconcerter des perſonnages dangereux, dont la liberté pourroit entraîner la ſubverſion de la Patrie.

Non; cela n'eſt pas vrai : ce n'eſt pas, dans ces derniers tems ſur-tout, aux *Criminels d'Etat* que la *Baſtille* eſt réſervée : la légèreté avec laquelle on l'ouvre, s'eſt redoublée dans la même proportion que l'inhumanité avec laquelle on la régit. Depuis un petit nombre d'années elle

ſemble

ſemble être le préliminaire des *affaires civiles* les plus communes, les moins ſuſceptibles par leur objet & leur iſſue, de cet étrange & terrible debut. Elle eſt devenue, en quelque ſorte, l'Anti-chambre de la *Conciergerie*.

Une femme de qualité eſt ſoupçonnée d'avoir fabriqué ou commercé de *faux billets* : on la met à la *Baſtille*.

Un fou revêtu d'une robe de Magiſtrat à *Paris*, accuſe une marchande de fayance de *Lyon*, d'avoir été la confidente pécuniaire d'une ſociété diſparue depuis long-tems : on la met à la *Baſtille*. Relâchée après l'évanouiſſement de cette ombre abſurde, elle ſe brouille, pour des diſcuſſions domeſtiques, avec un premier commis, qui a intérêt perſonnellement de la perdre, on la remet à la *Baſtille*.

Un ſubalterne eſt accuſé d'avoir commis des faux dans le maniement des affaires d'une grande maiſon ; mais des faux d'une eſpèce qui aſſurément n'intéreſſoient pas la monarchie : on le met à la *Baſtille*.

Voilà le ſort qu'ont eu Mad. *de St. Vincent*, la De. *Roger*, le Sr. *Le Bel*. Etoient-ce là des *Priſonniers d'Etat ?* Quel étoit donc l'objet du régime funéraire auquel on les ſoumettoit ?

Tous ont été renvoyés devant les Juges ordinaires : mais à l'inſtant du renvoi on n'avoit pas la preuve de leur innocence : bien loin de là, on doit croire qu'elle paroiſſoit plus problématique, puiſqu'on les livroit aux lenteurs diſpendieuſes de la juſtice regulière, & à une accuſation réfléchie, intentée, approfondie dans les formes. Il falloit donc que les éclairciſſemens antérieurs à leur renvoi leur fuſſent plus contraires que favorables : ils étoient donc, en ſortant de ce gouffre funeſte, plus ſuſpects qu'en y entrant : & cependant c'eſt à leur entrée qu'on les accable du régime de la maiſon! ce n'eſt que quand on a plus de droit de les préſumer coupables, qu'on les en affranchit! On leur rend une demi-liberté, quand on les abandonne à une inſtruction qui ſemble former un indice contr'eux ; on la leur avoit ôtée entière, en joignant à cette perte tous les acceſſoires de la *Baſtille*, avant que de procéder même aux préliminaires de l'inſtruction.

Il y a plus : les vrais *Priſonniers d'Etat*, ceux qui arrivent à la *Baſtille* chargés de fers que le prétexte du bien public peut juſtifier, & pourſuivis par une clameur que des fautes précédentes peuvent excuſer, y trouvent des douceurs inconnues, des égards refuſés à tous les autres.

J'ignore, par exemple, quel étoit le grief qui y a conduit quelque tems avant moi un homme aſſocié clandeſtinement aux expéditions de la marine *Françoiſe*. Je ſuis fort éloigné d'affirmer qu'il méritât ce ſort : mais il n'eſt pas poſſible que le titre d'accuſation au moins ſur lequel la *Lettre-de-cachet* a été expédiée contre lui, ne fut grave. Il avoit eu part à des opérations délicates, & dont le ſuccès n'avoit pas répondu aux espérances, peut-être à ses promesses. Le Ministre qui l'employoit, accoutumé par son ancien métier à regarder l'espionage comme le plus beau champ du génie ministériel, & l'arme la plus sûre d'un gouvernement : croyant mener la *Marine* comme la *Police*, & se flattant de maîtriser les flottes *Angloises* comme les jeux de *Paris*, l'avoit-il créé son substitut dans ces flétrissantes fonctions ? Avoit-il comme on l'a cru, commis pour doubler ses profits une double trahison, toujours à craindre de la part de ces sortes d'agens ? Chargé de commission par la *France* pour acheter les secrets de l'*Angleterre ;* avoit-il vendu à l'*Angleterre* ceux de la *France ?* Ou bien son protecteur ayant mal-entendu ses avis ; ou, comme on l'a dit aussi, ayant eu des motifs personnels pour les négliger, avoit-il cru à la vue des suites de son ineptie, ou de sa prévarication, devoir en rejetter la cause sur le subalterne, & feindre de soupçonner l'intégrité de celui-ci, pour couvrir sa propre incapacité, ou pis encore, je n'en sais rien.

Ce qui est sûr, c'est que son ancien protégé n'a connu des supplices de la *Bastille*, que la perte de la liberté : c'est que dès le premier moment il y a eu des livres, des correspondances : c'est que tous les jours, dans le tems ou un silence imposteur, autant qu'effrayant, donnoit à mes amis de trop justes alarmes, il y recevoit des visites ; c'est qu'en ayant eu le soupçon, & m'étant permis pour m'en assurer, d'en hazarder le reproche dans une des rares &

courtes entrevues que m'a accordées le *Lieutenant de Police*, ami comme on ſait, & créature de M. de *Sartines;* il m'a répondu, en convenant du fait, & rejettant les ménagemens dont on uſoit envers le priſonnier que je lui nommois, ſur ce que le Miniſtre auteur de ſa détention étoit BON ; & ſur mon obſervation toute naturelle que la différence des traitemens auroit dû dépendre de la gravité des accuſations ; & non de la bonté perſonnelle de chaque Miniſtre ; il m'a ajouté ces mots remarquables: *qu'il ne pouvoit qu'y faire ; parce que perſonne ne s'intéreſſoit à moi.*

De ſorte que les horreurs de ma captivité, la redondance avec laquelle on m'a noyé de toutes les horreurs de la *Baſtille*, ne ſont venues que de n'avoir pas eu le bonheur d'être mêlé dans quelque intrigue obſcure & honteuſe, vraiment relative aux intérêts de l'*Etat;* de n'avoir pas été ſacrifié à un manège adroit, qui cachât l'indulgence ſous les ſymptômes apparens de la ſévérité ; de n'avoir eu parmi les Miniſtres que des ennemis directs, perſonnels, & implacables, au lieu d'y avoir des complices ; elles ſont venues du malheur de n'avoir eu pour protecteurs que des hommes honnêtes ; pour ſolliciteurs que des amis délicats ; enfin d'avoir eu affaire à une *Lettre-de-cachet* ſignée *Amelot*, & non pas *Sartines.*

Qui auroit jamais cru que de ces deux Miniſtres de M. de *Sartines* fût le *Bon-homme ?*

Le régime de la *Bastille* n'est donc ni inflexible, ni uniforme : même avec cette rigidité commune il n'en seroit guère moins horrible, puisqu'il exerceroit une rigueur égale sur des délits différens ; &, ce qui est encore plus affreux, sur l'innocence & sur le crime. Mais il n'a pas même cette abominable stabilité : & il n'y déroge que dans le sens contraire à celui qu'indiqueroit la justice.

L'exemple seul que je viens de citer, & le mien, prouvent qu'il est susceptible de modifications ; qu'il est subordonné uniquement à la vengeance, au desir qu'ont les cœurs infernaux qui le dirigent de servir le ressentiment ou les nécessités de leurs patrons ; ils prouvent que de même que le Ministère de *France* a des magasins de *Lettres-de-cachet*, signées d'avance, qu'il attend sans bruit le moment d'appliquer, il a aussi des réserves de douleurs qu'il ne déploie, que quand l'ordre fatal a eu son exécution ; ils prouvent qu'il y a à la *Bastille* un tarif de tortures pour chaque commensal, comme il y en a un pour leur pension ; & qu'en fixant au lâche Cantinier qu'on charge de leur subsistance le prix des alimens destinés à prolonger leur vie, on détermine aussi la mesure de fiel dont il doit l'empoisonner.

Le régime de la *Bastille* est donc institué uniquement pour tourmenter ? & qui ? Des innocens reconnus, puisque des soupçons fondés motivent des égards, ou un renvoi. Au nom de qui ? Au nom du *Roi*, du magiſtrat ſuprême, du protecteur né de l'innocence, du gardien de la foibleſſe : c'eſt ſon intervention plus directe qui produit des effets plus cruels : c'eſt par ſes ordres immédiats qu'on ſe prétend autoriſé à ſoumettre un infortuné qui n'a offenſé, ni lui, ni les loix, ni rien de ce qu'elles obligent de reſpecter, à des ſupplices inconnus dans les priſons ordinaires, peuplées d'hommes coupables, ou du moins accuſés de quelques-uns de ces attentats : c'eſt de *par le Roi* qu'on lui preſſe la gorge de manière à ne pas intercepter tout-à-fait ſa reſpiration, mais à ne lui en laiſſer préciſément que ce qu'il faut pour perpétuer ſon angoiſſe; qu'on rit de ſes convulſions; qu'on s'applaudit de ſes gémiſſemens; qu'on compte comme autant de victoires les ſoupirs prolongés que la douleur lui arrache ; c'eſt le Roi qu'on ne frémit de donner pour auteur de ces prévarications barbares qu'il ignore, de ces vengeances miniſtérielles que ſon cœur déſavoue.

Oui, vous les ignorez, ô vous que la Nature m'avoit donné pour maître, & que vos vertus m'auroient donné pour protecteur, ſi l'innocence avoit autant d'accès auprès du trône que la calomnie; Vous dont l'eſtime étoit la plus flatteuſe récompenſe, & le plus puiſſant encouragement de mon travail; Vous dont l'ame honnête & franche n'avoit été ni effrayée de ma promeſſe de dire toujours la vérité, ni rebutée de mon exactitude à la remplir.

Vous ne les connoiſſez pas, ces cachots qui

cependant ne s'ouvrent & ne se ferment qu'à votre nom : où l'on ne sent que l'on existe que parce que l'on souffre ; & dont l'espérance même est souvent exclue : ils engloutissent journellement des citoyens irréprochables, des sujets fidèles, qui reclament en vain du fonds de ces abîmes les vertus, & le nom de leur Prince : ce nom sacré, qui est par-tout ailleurs le garant de l'exécution des Loix, n'est là que le titre en vertu duquel on les enfreint.

En signant un ordre pour *enfermer*, vous croyez ne faire qu'un usage légitime de votre autorité ; un usage consacré par une possession de plusieurs siècles ; un usage nécessaire au repos public, & dont il ne résulte aucun abus : vous supposez que l'exécution de cet ordre n'entraîne que les effets d'une précaution de ce genre.

Bienfesant jusques dans les rigueurs que votre rang vous oblige d'autoriser, vous avez donné mille preuves de votre penchant à soulager les maux que le maintien de la société nécessite. Par vos ordres les prisons destinées à assurer la conviction & le châtiment du crime sont devenues plus douces, moins meurtrières : elles ont cessé d'être une punition préliminaire plus cruelle souvent que le dernier supplice. Vous avez détruit la pratique barbare qui autorisoit les tribunaux à torturer des accusés simplement suspects, pour essayer si par-là on ne réussiroit pas à les rendre criminels.

Vous êtes donc bien loin de ſoupçonner que dans votre royaume, dans votre capitale, ſous vos yeux, il exiſte une place dévouée ſpécialement à perpétuer ſur l'innocence une queſtion mille fois plus cruelle que toutes les queſtions préparatoires proſcrites par vous; puiſqu'enfin elles ne briſoient que les corps, au lieu que celle de la *Baſtille* ne déchire le corps, que pour pénétrer plus fructueuſement juſqu'à l'ame. Vous êtes loin de ſoupçonner que l'on ajoute encore arbitrairement à ce régime infernal; que les agens ſubalternes, choiſis pour le maintenir trouvent de la ſatisfaction & du profit à l'outrer; que pareils à ces chiens acharnés qui ſecouent & mordent le gibier en le rapportant, ils ſe faſſent un plaiſir d'être barbares, quand on n'exige d'eux que d'être ſoumis & fidèles.

Mais vous ne l'ignorez plus; le voile eſt déchiré, portez les yeux ſur ces ſouterreins funéraires, où n'eſt jamais deſcendu le jour: pour lui en procurer l'accès, il falloit deux évènemens auſſi ſinguliers l'un que l'autre, que j'y entraſſe & que j'en ſortiſſe. Le ſecond, que je ne dois qu'à vous, m'aſſure que les connoiſſances dont je ſuis redevable au premier ne ſeront pas inutiles.

Il m'en coûtera ma Patrie. La néceſſité de chercher un tombeau dans des contrées étrangères, hélas! & ennemies, ſera le ſeul prix de tous les ſacrifices que je lui ai faits. Celui-ci eſt le dernier : je ſerai payé de tous les autres s'il n'eſt pas infructueux.

Mais non, il ne le ſera pas : votre cœur pur & ſenſible s'émeut : vous frémiſſez : vous rougiſſez : ce ne ſera pas en vain. Dieu quand vous protégez les hommes, tout puiſſant pour opérer leur ſalut : donnez à l'*Europe*, au monde le ſpectacle d'un prodige que vous êtes digne d'opérer. Parlez : A votre voix on verra s'écrouler les murailles de cette moderne *Jéricho*, plus digne mille fois que l'ancienne des foudres du ciel ; & de l'anathême des hommes. Le prix de ce noble effort ſera la gloire de votre règne ; un redoublement d'amour des peuples pour votre perſonne & votre maiſon ; & la bénédiction univerſelle des ſiècles les plus reculés, comme du ſiècle préſent.

NOTES.

N. B. Les Lecteurs sont priés de ne passer aux Notes qu'après avoir bien lu, & un peu médité le Texte, s'il est possible.

(1) PAGE 3. *Sur les avenues de ces gouffres.*) En général en *France* toutes les places fortes peuvent à volonté devenir autant de *Bastilles :* il n'y a pas un de ces ramparts, élevés en apparence contre les ennemis de l'état, dont un caprice ministériel ne puisse à chaque instant faire le tombeau de ses enfans : mais il n'y a guère qu'une vingtaine de châteaux qui aient cette destination spéciale & constante, tels que la *Bastille* & *Vincennes*, aux portes de *Paris ; Pierre en Cise*, à *Lyon ;* les *Iles Ste. Marguerite*, en *Provence ;* le *Mont St. Michel*, en *Normandie ;* le *Château du Taureau*, en *Bretagne ;* celui de *Saumur*, en *Anjou ;* celui de *Ham*, en *Picardie ;* &c. &c. &c. Et tout cela est rempli de *Prisonniers d'Etat !* & dans tous on suit le régime de la *Bastille !* & dans tous il y a des Gouverneurs *Cantiniers*, des Etats majors *Porte-clefs*, des *Garnisons*, des *Ingénieurs*, &c.

La considération de cette énorme dépense, a

donné à quelques Ministres, & entr'autres à M. *Necker*, dit-on, la velléité d'une réforme; si elle s'opéroit jamais, il seroit bien honteux qu'elle n'eût point d'autre motif. *Supprimer la Bastille par* ECONOMIE! disoit, il y a quelques jours, avec indignation, à ce sujet, un des plus jeunes, & des plus éloquens orateurs de l'*Angleterre!*

(2) Page 3. (*Un Condé.*) A-propos de ce nom je ne ne puis me refuser de placer ici une anecdote tirée des Mémoires de *Sully*, à laquelle peut-être peu de lecteurs font attention.

Henri IV, malgré sa vieillesse & ses vertus, avoit dans ses derniers tems cédé à une passion aussi scandaleuse que ridicule : il aimoit la Princesse de *Condé*, femme de son neveu. Il la lui avoit fait épouser dans l'espérance qu'étant jeune, dissipé & avare, on pourroit avec des plaisirs ou de l'argent l'aveugler sur la conduite de sa femme. Il n'en fut rien : le jeune Prince ne voulut ni se distraire, ni s'enrichir : il emmena sa femme à *Bruxelles*, sans en avertir personne.

Cette évasion ne pouvoit être qu'approuvée des honnêtes gens; elle fut traitée dans le conseil du Roi, comme une *Affaire d'Etat.* Tous les Ministres opinèrent gravement tour-à-tour sur les moyens de remettre au plus vîte dans les bras du Roi une Maîtresse que l'incommode époux avoit osé lui enlever. Il y avoit des opinions *pour la guerre :* quand le tour du Duc de *Sully* fut venu, il commença son avis par ces mots : *Si vous m'aviez laissé faire, il y* *a trois mois, j'aurois mis votre homme à la Bastille, ou je vous en aurois bien répondu.* *

C'étoit en *Plein conseil* que se tenoit ce langage! celui qui le tenoit étoit un des plus vertueux Ministres que la *France* ait eu; celui contre qui il le tenoit, étoit un *Prince du Sang*; & le crime jugé dans ce *Prince de Sang* digne de la *Bastille*, étoit d'avoir une jolie femme, & de ne pas vouloir qu'elle fût la maîtresse de son oncle.

Lecteurs, réfléchissez.

(3) Page 4. *Sa description avec la mienne.*] Je ne mets pas au rang des mémoires que l'on peut consulter sur les détails de cet antre de *Trophonius* une histoire de l'*Inquisition Françoise*, par *Constantin de Renneville.* Ce livre devenu rare, & cher parce qu'il est rare, n'a d'intéressant & même de vrai que le titre. C'est un tissu de grossièretés dégoûtantes, & de fables absurdes.

On y lit, par exemple, qu'un prisonnier ayant été renfermé dans les souterreins d'une des tours, il arracha *avec ses mains* tant de pierres des fondemens qu'il les ébranla, & que le Gouverneur effrayé fut forcé de loger ce nouveau *Samson* dans le plus bel appartement du château, pour en prévenir la chûte.

---

* Je cite de mémoire : je puis me tromper sur un ou deux mots : je suis sûr de ne me tromper, ni sur la chose, ni même sur la phrase.

L'auteur de ce conte ne favoit donc pas que les murs de la *Baftille* ont, aux endroits où ils font le plus minces, au moins *douze pieds* d'épaiffeur, & trente, quarante, cinquante dans les autres ; qu'ils font de la plus fuperbe pierre de taille, & par conféquent auffi folides que les cœurs des gardiens font impitoyables.

D'ailleurs *Renneville* ne parle que de mauvais traitemens phyfiques : il eft vrai qu'on ne les épargne pas dans ce lieu où toutes les manières de rendre l'exiftence infupportable font employées ; mais comme on l'a vu ci-devant, ce n'eft pas fur cette reffource que comptent le plus les queftionnaires à *croix de St. Louis* qui fe chargent d'y adminiftrer les douleurs : ce font les ames qu'ils torturent ; & cela eft bien plus ingénieux.

(4) Page 6. *Confacré en apparence à la juftice.*) C'eft le *Lieutenant Gal. de Police* : il eft le véritable adminiftrateur de la *Baftille*, le Gouverneur en chef de ce château, c'eft par lui que paffent tous les ordres ; il n'a de fupérieur dans ce diftrict que le Miniftre immédiat du département de *Paris*.

C'eft une inconféquence dont on ne peut trouver d'exemple qu'en *France* que cette affociation de la *Robe* avec l'*Epée*, d'un magiftrat avec des ftipendiaires armés, pour confommer une oppreffion que les Loix profcrivent, & que la *Robe*, la *Magiftrature* font profeffion de détefter. Et ce n'eft pas pour l'adoucir que la régie en a été ainfi confiée à un *Maître des Re-*

quêtes : c'eſt pour la légitimer, en quelque ſorte, ou du moins la légaliſer, s'il étoit poſſible.

Les troupes de la *Ferme générale*, les ſoldats de la finance ont en *France* le droit de rédiger des actes civils & juridiques ; de dreſſer des procès verbaux ; de faire ſubir de vrais interrogatoires à ceux qu'ils arrêtent, & qu'ils fouillent : les troupes du Roi, les militaires nationaux n'ont pas ce droit. Comme ce ſont eux qui gardent la *Baſtille*, il a fallu leur adjoindre un homme qui en fut doué, pour procéder à ce qu'on y appelle des *Procès verbaux*, des *Interrogatoires*, quand on daigne s'amuſer à ces formalités : c'eſt-là l'emploi du *Lieutenant de Police*, & l'occaſion du pouvoir dont on l'a inveſti.

Ce qui eſt plaiſant, ſi quelque choſe relatif à la *Baſtille* peut l'être, ce qui prouve toujours la conſéquence des idées *Françoiſes*, c'eſt que ſa robe qui devient ici pour lui un titre de ſupériorité, en eſt, pour tout autre magiſtrat, un d'excluſion. Le *Chancelier* lui-même ne ſeroit pas admis à la *Baſtille*, à moins qu'il n'y fût envoyé comme priſonnier. Quand le *Parlement*, comme il arrive quelquefois, par une autre ſuite de cette même juſteſſe d'eſprit, accepte des *Commiſſions*, pour juger des priſonniers dépoſés à la *Baſtille*, il n'eſt pas permis aux Juges d'entrer dans le château : c'eſt à la porte qu'ils tiennent leurs aſſiſes, & qu'on leur amène l'accuſé, ou plutôt la victime ; témoin M. de *Lally*, &c. de ſorte que ces magiſtrats ſupérieurs, ſi fiers, ſi deſpotiques, n'ont pas même le droit d'inspection sur ces lieux où un subalterne exerce un empire illimité.

Et ce qui achève de réunir toutes les espèces de contradictions, comme de confondre toutes les idées, les actes passés par ce magistrat appellé exprès, institué exprès, pour leur donner une apparence de *légalité*, sont formellement désavoués, proscrits par les tribunaux dont il continue d'être membre, toutes les fois qu'ils leur sont présentés. Ils déclarent au *nom du Roi*, de *la part du Roi*, en fesant *parler le Roi*, illégales, & tyranniques, les procédures instruites, au *nom du Roi*, de la *part du Roi*, en fesant *parler le Roi*, par leur confrère dans les *Bastilles;* & enfin le même homme siégeant au *Châtelet*, comme *Lieutenant de Police*, au *Parlement*, comme *Mre. des Requêtes*, rejettera le lendemain avec horreur, déclarera criminelles, les mêmes pièces qu'il aura extorquées la veille au *fauxbourg St. Antoine*, à *Vincennes*, &c. en qualité de *Commissaire du Roi*, & munies de sa signature.

Ces absurdités rendent la Législation *Françoise* ridicule aux yeux des étrangers : mais malheureusement elles la rendent encore plus accablante pour les nationaux.

(5) Page 6. *Du gage apparent d'un service pur.*) Tous les officiers de l'*Etat Major* à la *Bastille* ont la *Croix de St. Louis :* ceux même qui n'ont jamais servi, tels que le *Gouverneur actuel*, ou qui ont servi avec un titre qui n'y donne pas de droit, tels que le *Major actuel* on la leur accorde par grace, & afin de leur donner apparemment un extérieur plus imposant.

Cela

Cela n'a rien d'étonnant après tout. On la donne bien aujourd'hui, cette croix, si longtems respectable & respectée, à des *Exempts de Police*. C'est à M. de *Sartines* qu'est due cette honteuse illustration du plus lâche service que le despotisme ait jamais exigé. Si l'on prétend la justifier par l'utilité de ces emplois dans certains cas, il faudroit donc la rendre commune aux *Geoliers* ordinaires, & aux *Bourreaux*; car enfin ce sont aussi des hommes utiles; & certainement aux yeux de la raison ils sont infiniment au-dessus de leurs camarades *Bastilleurs*; ils devroient être bien moins flétris dans l'opinion publique.

Ils ne sont que les ministres d'une sévérité indispensable : ils sont officiers, & officiers nécessaires d'un pouvoir légitime : ils peuvent quelquefois exécuter des ordres injustes : mais ils obéissent toujours à la justice & aux loix. Ils sont sûrs que l'infortuné qui leur est livré, a eu ou aura le moyen de se défendre : ils sont sûrs ou du moins doivent croire qu'un examen équitable, impartial, a précédé les décisions rigoureuses qui les décident. Ils sont autorisés à penser qu'elles n'ont jamais pour objet que des coupables, ou au moins des hommes justement suspects.

Mais un *Exempt de Police*, un officier de *Bastille* sont sûrs précisément du contraire : ils savent qu'ils violent les loix, & que leur destination spéciale est de violer : ils savent qu'ils sont les instrumens passifs, criminels, d'une violence arbitraire : ils savent que les trois quarts des victimes qu'on leur donne à crucifier sont innocentes ; que si l'on avoit eu quelque prétexte fondé pour les charger de fers juridiquement, on n'auroit pas eu recours à la voie abrégée d'une *Lettre-de-cachet ;* ils savent enfin que, sans les bayonnettes qui les entourent, leur procès est tout fait dans les rituels des tribunaux, comme dans le cœur de tous les citoyens ; & qu'un supplice honteux seroit le juste prix de leur infame condescendance.

Ils le savent ! & ces violences, ces *Lettres-de-cachet*, ils s'en rendent les instrumens ! L'Exempt captureur compte sur ses doigts de combien de *Louis-d'or* chaque nouvelle proie lui fournira le prétexte de grossir ses mémoires; le Gouverneur geolier suppute combien d'*Ecus* il en résultera pour sa cuisine ; tous deux trouvent la capture d'autant *meilleure* qu'elle leur devient plus lucrative.

Assurément l'exécuteur des *hautes œuvres*, ni ses valets ne poussent point jusques-là la dégradation de l'avarice, & l'oubli de toute espèce de pudeur comme de remords.

Si donc l'opinion étoit raisonnable ; si c'étoit la réflexion que déterminât le préjugé, lequel de ces deux hommes, je le demande, devroit être le plus flétri aux yeux de la société ? à qui des deux est dû plus de mépris & d'opprobre ?

(6) Page 7. *Entre M. le Comte de Vergennes, & moi.*) Voyez ma lettre à ce Ministre, imprimée en 1777. Je n'ai point mis cet écrit, ni l'éclat qu'il a fait, au nombre des causes de ma détention, parce que ce feroit accuser nettement M. le *C. de Vergennes* d'une fourberie, d'une hypocrisie,

trop contraire à la vertu, à la franchise dont il fait profession : mais il est très-vrai, cependant que depuis que j'ai eu, moi, la bon-hommie de repasser la mer *sur sa parole*, des amis éclairés n'ont cessé de me prédire ce qui m'est arrivé le 27 Septembre 1780 : ils n'ont cessé de me répéter que tôt ou tard M. le C. *de Vergennes* se ménageroit le moyen de concilier le plaisir de se venger, avec la gloire d'avoir paru pardonner. Ce rapport entre leurs prophéties & l'évènement doit-il l'emporter sur la confiance qu'inspirent les VERTUS de M. le Comte *de Vergennes ?*

(7) Page 8. *Plus noble encore que celui de mon séjour.*) Révéler ici l'objet de ce sacrifice, ce seroit en perdre le mérite ; il me seroit permis, peut-être, il seroit intéressant pour ma gloire, & ma vengeance, de révoquer ma parole, comme les Ministres de *France* ont violé la leur : mais je n'ai pas l'honneur d'être Ministre. Un serment tyrannique & injuste, ne lie jamais : une parole donnée librement lie toujours.

(8) Page 9. *Avec un opprobre réfléchi & combiné.*) C'est en plein jour, à midi, dans la rue de *Paris*, la plus passante, & la plus peuplée, que j'ai été arrêté, aux yeux de dix mille hommes rassemblés en un instant, on pourroit dire convoqués. Mon Cocher, mon Laquais, ou plutôt ceux du S. *Le Quesne*, & par conséquent de la *Police*, ne cachoient mon nom à personne. On sentira tout ce que cette affectation avoit de malignité, si l'on songe que dans les affaires les plus sérieuses, & même les plus pressantes, c'est toujours la

nuit, & le ſecret que l'on choiſit pour ces opérations violentes : mais le miniſtère qui ſe vengeoit dans celle-ci, qui ſavoit bien qu'il n'en tireroit d'autre profit que l'opprobre, & les cruautés dont ma détention pourroit être accompagnée, a voulu m'en faire boire l'amertume juſqu'à la lie.

Ajoutons que le L^ant *de Police*, à qui ſuivant mon uſage de circonſpection, & de franchiſe, chaque fois que j'allois à *Paris*, depuis 1777, j'avois rendu ma première viſite, m'avoit donné rendez-vous *pour ce jour-là*, à neuf heures du ſoir, chez lui : nous devions parler du N°. LXXI. des *Annales*, qui n'étoient pas encore diſtribué; & c'eſt le même jour qu'il me fait arrêter à midi, avec le ſcandale que l'on vient de voir ! & après cela, on me tient vingt mois dans un ſecret impénétrable : on met autant de miſtère dans les ſuites de ma détention, qu'on a mis de publicité dans la détention même ! Quel en étoit l'objet ? Faut-il le demander ? La publicité autoriſoit à tout dire à ma charge, & le miſtère à tout croire.

(9) Page 10. *Le Chargé-d'affaires de* FRANCE.) Il ne s'agit pas ici de M. le C. d'*Adhemar*, Miniſtre Plénipotentiaire de la Cour de *France*, à *Bruxelles* : je puis ſuppoſer qu'un homme de condition qui n'avoit jamais eu qu'à ſe louer de moi auroit en cette occaſion ſoutenu la dignité de ſon caractère, & ſenti qu'il ne lui convenoit pas de s'aſſocier à des *familiers* de la *Police de* PARIS pour conſommer une ſpoliation auſſi odieuſe qu'injuſte.

Mais il étoit abſent : les affaires ſe trouvoient

entre les mains d'un homme qui eſt tantôt ſon intendant, tantôt ſon ſecrétaire, &c. & tantôt ſon repréſentant, nommé LA GREZE, homme dont une naiſſance équivoque eſt le moindre défaut, & que ſes premiers emplois ne devoient pas naturellement conduire à figurer dans le corps *Diplomatique*.

Cet étrange Miniſtre a trouvé dans l'*Exempt de Police de Paris*, & dans ſon ſubſtitut, de dignes collègues. Il les a ſecondés de tout ſon pouvoir, & avec d'autant plus de facilité qu'il pouvoit au moins dans les premiers momens couvrir ſes trahiſons ſous les ſymptômes de l'empreſſement & de l'amitié : il avoit, je l'avoue, ſurpris ma confiance : je n'avois pu la refuſer à un homme que le gouvernement de mon pays ſembloit honorer de la ſienne. Il étoit chez moi tous les jours, & tout le jour.

A l'inſtant du déſaſtre il fut le conſeil préféré de la Perſonne qui en le partageant avoit encore la douleur d'être obligée de travailler à prendre des précautions pour le diminuer. On ne ſera pas fâché de trouver ici à ce ſujet une anecdote aſſez plaiſante aujourd'hui, mais qui ne l'étoit pas alors.

Il s'agiſſoit ſur-tout de ſauver mes papiers ; non pas qu'ils continſſent rien de criminel : mais c'étoit ma fortune, & plus que ma fortune : d'ailleurs ils renfermoient des ſecrets importans qui ne m'appartenoient pas ; la confiance de beaucoup d'honnêtes gens m'ayant ſuivi dans ma retraite, malgré mon abjuration abſolue du barreau, le repos & l'honneur de pluſieurs familles dépendoient de la ſouſtraction de mon cabinet.

La Grèze consulté ne trouva rien de mieux que de jetter les papiers les plus précieux dans la vache de ma voiture, de les conduire à une maison de campagne que j'avois à trois lieues de *Bruxelles*, & d'y ensevelir le tout dans le foin dont les greniers étoient remplis : il assista *déguisé*, à *minuit*, à l'exécution de son avis, répétant sans cesse *qu'il risquoit sa place, & sa fortune, pour me rendre ce service :* il travailla lui-même : il vit charger la vache : il s'assura que la voiture partiroit à l'ouverture des portes : jurant toujours d'un ton pénétré que puisqu'il étoit seul confident de ce dépôt il seroit impénétrable.

La voiture étoit arrivée en effet à la campagne à sept heures du matin. A huit, l'Exempt de la Police *Parisienne* étoit dans mon grenier : il crochetoit la vache : il en brisoit les cadenas : il y trouvoit..... quoi ? De la paille !

L'onction que *La Grèze* tâchoit de mettre dans ses sermens l'avoit trahi : on avoit profité du moment où il étoit allé souper, ou plutôt instruire l'Exempt, pour faire l'échange.

L'histoire est plaisante : mais la perfidie étoit affreuse. En voici une encore plus atroce, s'il est possible.

En sauvant mes papiers jugés les plus importans, on en avoit laissé dans la maison une quantité assez grande pour autoriser à nier qu'il en eut d'autres. La police de *Bruxelles* s'étoit saisie de cette proie, tandis que l'Agent *Parisien*, mieux instruit, en poursuivoit une plus précieuse. Lui, & *La Grèze* son complice déconcertés par la précaution que l'on vient de voir, crurent se dédommager en s'emparant de celle qui étoit reſtée à *Bruxelles :* ils trouvèrent de la réſiſtance dans les loix du pays : on vouloit un pouvoir de moi : *Le Queſne* appellé à leur aide en avoit bien un, mais il étoit ancien, il n'étoit pas relatif à l'évènement du moment, ni à ſes ſuites : les Magiſtrats de *Bruxelles* refuſoient de le reconnoître ; mes amis encore d'avantage.

Il fallut bien m'en demander un nouveau : car la démangeaiſon de connoître mes papiers étoit preſſante, & l'on ſe flattoit avec ce titre de faire revenir même ceux qui s'étoient échappés du filet de *La Grèze*. On me le demanda. Je le refuſai nettement : on devine quelle étoit ma raiſon. Que fit-on?

Le Sr. *La Grèce* écrivit au *Lieutenant de Police de Paris* que la juſtice de *Bruxelles* avoit *ſaiſi tous mes effets ;* qu'une partie *étoit déjà vendue*, & CONFISQUÉE, en vertu de la *Joyeuſe entrée ;* * que le reſte alloit avoir le même ſort; que le ſeul moyen de le ſauver, étoit un pouvoir de moi, pour s'oppoſer à ces opérations dévorantes. Dans ce lieu où l'on ne montre rien, on me montra la lettre : on me laiſſa bien m'abreuver du fiel qu'elle devoit porter dans mon ame : & l'on me préſenta le Notaire pour conſolateur.

Il fallut bien obéir à ce que je croyois néceſſaire : je voulois reſtraindre au moins la pro-

---

* Ce n'étoit pas la mienne à la *Baſtille*, dont il parloit, comme on le ſent bien : la *Joyeuſe entrée* eſt un droit particulier des Souverains de *Brabant*.

curation que l'on m'arrachoit ainſi : on employa la violence pour m'obliger à la ſigner *générale.*

En arrivant à *Bruxelles*, j'ai trouvé que la lettre du S. *La Grèze* étoit fauſſe dans toutes ſes parties. On n'avoit rien confiſqué ; au contraire : le pillage n'étoit venu que de ſes complices, & de leur repréſentans. On avoit gémi à *Bruxelles* en voyant ma procuration ; & quoiqu'on ignorât de quels artifices elle étoit le fruit, on n'y avoit heureuſement déféré que ſur les articles les moins eſſentiels pour moi, l'*argent*, & les *papiers* dont l'abandon n'avoit rien d'inquiétant.

(10) Page 10. *D'un Exempt de la Police de Paris.*) Pour ajouter à ce tableau de trahiſons, & de lâchetés, il eſt bon d'obſerver que cet Exempt eſt un de ceux que j'avois, dans ma courte & orageuſe carrière du barreau, arraché à une perſécution injuſte, mais acharnée : c'eſt le trop fameux *Des Bruguières.* On l'avoit choiſi, ou bien il s'étoit offert, non pas pour me ſervir, mais parce que les obligations qu'il m'avoit étant connues, & lui s'étant toujours paré des dehors de la reconnoiſſance, il étoit plus propre qu'un autre à ſurprendre la crédulité des perſonnes dont on redoutoit les lumières, & l'attachement pour moi.

(11) Page 10. *D'un ſubſtitut que je nommerai ailleurs.*) Ce ſubſtitut n'étoit autre que le S. *Le Queſne.* Voyez les détails de cette inconcevable trahiſon dans l'*Avis aux Souſcripteurs*, qui précède le No. LXXII. de ces *Annales.*

(12) Page 10. *Du Sous-Miniſtre.*) Le Sr. *La Grèze* s'eſt fait payer par *Le Queſne* près de 500 liv. T. à ma charge, *pour ſes démarches.* Ce dernier, en me portant la ſomme en compte, m'a dit qu'il avoit payé par *des ordres ſupérieurs.*

(13) Page 11. *Elle a réuſſi.*) On ſe rappellera peut-être que l'objet en étoit de tranſmettre aux diſtances les plus éloignées, des nouvelles, de quelque eſpèce qu'elles fuſſent, de quelque longueur que fuſſent les avis, avec une rapidité preſque égale à celle de l'imagination.

La ſeule objection fondée que l'on m'ait faite, c'eſt que les *Brouillards* & la *Neige* interromproient cette poſte aérienne. Je l'avoue : mais la *Neige* ne dure que quelques heures dans l'année : les *Brouillards* que quelques jours, au moins dans le Continent : des rivières débordées, des ponts rompus, une chûte de cheval, peuvent également retarder, intercepter pendant quelques momens les communications ordinaires.

Je conſignerai un jour ici mes idées à ce ſujet. L'invention eſt certainement ſuſceptible encore d'être perfectionnée, & je ne doute pas qu'elle ne le ſoit. Je ſuis perſuadé qu'elle deviendra avec le tems le plus utile inſtrument du commerce, & de toutes les relations de ce genre ; comme l'*électricité* ſera l'agent le plus efficace de la médecine ; comme la *pompe-à-feu* ſera le principe de tous les mécaniſmes qui exigent, ou doivent donner de grandes forces.

(14) Page 11. *Les droits ordinaires de citoyen.*) Pourvu ! Je ſuis obligé d'inſiſter ſur

cette restriction. On s'est déjà permis de publier que j'avois indistinctement promis *de ne plus écrire;* que cette condition avoit été le prix de ma liberté. Cela n'est pas vrai. Ce qui est vrai, c'est que de moi-même, épuisé de cette lutte perpétuelle, de ce combat inégal où il falloit choquer sans cesse, sans autres armes que la raison & la justice, des ennemis armés du pouvoir, & de l'intrigue, je n'aspirois plus qu'à une paisible obscurité. Encore une fois, quoique je fusse bien éloigné de m'attendre à voir deux ans de *Bastille*, remplacés par un exil sans terme, j'aurois été attendre patiemment à *Rethel* la fin de ce nouveau caprice : j'aurois travaillé de bonne foi à me taire, ou du moins à me *Laisser oublier*, si cette indifférence pour mon existence littéraire, on n'avoit pas prétendu m'obliger de la pousser jusqu'à mon existence civile. C'est bien à regret, mais assurément bien sans remords, que je suis rentré dans mon orageuse carrière.

(15) Page 15. *Qui n'en auront jamais peut-être, même à la Bastille.* J'en ai supprimé plusieurs dont le récit ne seroit pas aujourd'hui aussi frappant qu'ils ont dû me paroître douloureux dans le tems : les conjonctures font quelque chose, même dans les souffrances; un coup qui n'est rien pour un homme en santé, devient insupportable, il peut causer la mort, s'il porte sur un membre déjà cassé. Mais je ne puis m'empêcher d'insister sur le refus soutenu jusqu'au bout, de me permettre de

ſaire un teſtament, *par le miniſtère d'un Officier public.*

S'il n'a pas eu pour motif le caprice le plus barbare dont jamais Miniſtre ait pu ſe donner la licence, il a donc eu pour objet une prévarication encore plus lâche : on vouloit donc, en me mettant dans l'impuiſſance de diſpoſer du reſte de mon bien, favoriſer le Sr. *Le Queſne* qui avoit tout en ſa poſſeſſion ; on vouloit donc, ſi j'étois mort, lui ménager le moyen de ne faire à ma famille que la part qu'il auroit voulu, & payer ainſi ſes trahiſons non-ſeulement à mes dépens, mais à ceux de mes héritiers. Ne m'ayant rendu aucun compte ; ayant en main tous mes titres, & tous mes effets ſans exception ; étant aſſuré par ſes relations avec la *Police*, &c. qu'un teſtament *Olographe* de moi ne ſortiroit de mon tombeau que de ſon aveu, il devoit s'oppoſer à tout acte notarié, dont il auroit été plus difficile de maîtriſer les diſpoſitions, ou de ſupprimer la trace.

Laquelle de ces deux cauſes a motivé le refus du teſtament ? Je l'ignore : toutes deux peut-être ont concouru : mais quand il n'y en auroit qu'une, n'ai-je pas eu raiſon de dire que ce refus ſeroit un exemple unique, même dans l'hiſtoire des crimes de la *Baſtille ?*

(16) Page 26. *De me préparer une retraite.*) Il ne falloit peut-être pas moins que cette dernière infortune, pour me guérir de ce patriotiſme extravagant : le topique a été cuiſant : mais auſſi la cure eſt radicale.

A présent que je ris, j'ai trouvé assez plaisante une naïveté échappée à ce sujet, à un homme qui joue aujourd'hui un rôle important dans le Ministère. On lui parloit de ma retraite à *Londres*, & de mon intention de publier ces Mémoires-ci. *Mais il veut donc*, dit-il, *se fermer pour toujours les portes de la France!* Mais ces Messieurs auroient-ils donc encore quelques *Lettres-de-cachet* à placer, & songeroient-ils à m'honorer de la préférence?

(17) Page 28. *Et désarmer la vengeance.*) Le hazard on m'a fait conserver une copie de cette réponse; je ne puis me défendre d'en consigner ici au moins la fin. Après avoir détaillé d'une manière attendrissante les raisons qui m'avoient arraché cette lettre, j'ajoutois : „ Il espère que le Roi voudra bien considérer „ que c'est une affaire particulière, une affaire „ secrette, ignorée, ... que cette lettre ne „ doit être réputée que la suite d'un premier „ mouvement que les loix ne punissent nulle „ part, & que la simple humanité excuse; „ qu'enfin de quelque manière qu'on l'envisage, elle ne doit pas effacer le souvenir „ des services que le répondant s'est efforcé de „ rendre toute sa vie aux particuliers nombreux „ qu'il a défendus, & sauvés dans les tribunaux; „ au public qu'il s'est efforcé d'éclairer par ses „ écrits; à la religion, aux loix, aux mœurs „ qu'il a toujours scrupuleusement respectées; „ ni de la délicatesse qui lui a fait sacrifier à la „ seule apparence de la rupture, un établisse-

» ment tout formé en *Angleterre*, pour se rap-
» procher de la *France*; ni de la fermeté avec
» laquelle il a publié par-tout les louanges, &
» soutenu les intérêts de son Prince & de sa Pa-
» trie, même au milieu de leurs ennemis comme
» le prouvent sur-tout ses *Annales*; ni du des-
» sein qu'il a toujours eu, & annoncé de ren-
» trer en *France*, de s'y fixer, d'y rapporter sa
» fortune, & d'y vivre, sous les loix du Sou-
» verain à qui la Providence l'a soumis; des-
» sein qui étoit un des principaux objets du
» présent voyage, & sans lequel il ne seroit pas
» tombé dans l'infortune où il se trouve.

» Il n'ajoutera plus qu'un mot; c'est qu'en dé-
» veloppant ainsi les considérations qui peuvent
» rendre sa faute plus légère, il ne pense pas néan-
» moins à l'excuser entièrement: il ne se propose
» que de fournir des motifs à la clémence du Roi
» pour en abréger la peine, & à la générosité de
» M. le Mal. de *Duras* pour en solliciter le pardon.

Depuis cette réponse je n'ai plus entendu parler de rien: j'ai seulement appris depuis ma sortie, qu'elle avoit été un sujet de plaisanterie pour les bureaux de M. le C. de *Vergennes*. Le S. *Moreau*, entr'autres, un de ses Secrétaires favoris, s'est permis, en la lisant à ses amis, de dire à cette fin, *Ah, ah, à présent il fait le capon.*

O Louis XVI, ô Roi juste & bienfesant, est-ce donc ainsi que les agens mercénaires des Ministres qui vous trompent, insultent aux douleurs de vos sujets qu'ils oppriment! Est-ce ainſi qu'ils oſent traveſtir des retours reſpectueux de confiance & de ſoumiſſion envers vous! Eſt-ce d'une inculpation ainſi reconnue, & diſcutée, que vingt mois de barbaries ont été le fruit?

(18) Page 29. *Que la ſatisfaction de l'avoir rendu.*) On m'a aſſuré depuis ma ſortie qu'on avoit fait courir de prétendues copies de cette lettre. Je déclare ici, qu'il n'eſt pas poſſible qu'il en exiſte : on ne peut pas ſuppoſer que le *Lieutenant de Police* l'ait livrée à la curioſité publique. Aſſurément M. le *Mal. de Duras* ne la montrera pas plus à l'avenir que par le paſſé ; les mains qui ont ſouſtrait mes papiers aux recherches ardentes de ſes vengeurs, ont eu la même diſcrétion : ainſi ce petit ſecret eſt un de ceux ſur leſquels la malignité publique ne ſera jamais ſatisfaite.

(19) Page 32. *Du très-ridicule neveu de M. de Leyrit.*) Pour apprendre quel eſt ce perſonnage, voyez les Tomes VIII & IX des *Annales*, mais ſur-tout le IX, page 217 & ſuivantes. Peu d'affaires ont été plus atroces, & aucune, même en *France*, n'a jamais eu des détails & des ſuites plus inconcevables que tout ce procès de M. de *Lally*. Le *Parlement* de *Paris* après avoir eu la baſſeſſe inconſéquente d'accepter une *commiſſion* pour le juger; & la cruauté horrible de punir par un arrêt de mort, des fougues excuſables peut-être en tout ſens, des écarts auxquelles l'arrêt même n'a pas oſé adapter le nom de crime, a eu la baſſeſſe & la cruauté tout à la fois, de traverſer ſourdement un fils qui de-

mandoit la réhabilitation de la mémoire de son père.

Le *Parlement* de *Rouen*, constitué réviseur d'un jugement déjà reconnu irrégulier dans la forme, déjà anéanti en conséquence, & demontré au moins aussi inique dans la forme, n'a pas, à la vérité, prévariqué au point d'oser le consacrer de nouveau; mais pour éluder la nécessité de se décider entre la justice, & un corps de son ordre, il a mieux aimé violer une des règles les plus solemnelles de la procédure *Françoise*, & admettre une *intervention* aussi folle par ses accessoires, aussi absurde en elle-même, qu'insoutenable en jurisprudence. D'où résultent de nouveaux combats, de nouvelles questions, un nouveau renvoi à un autre Parlement, celui de *Dijon*, où M. de *Lally* aura à essuyer les mêmes préjugés, les mêmes déférences pour l'esprit de Corps, les mêmes fureurs.

Il ne faut point se lasser de le redire: le reste de l'univers n'offre point de pareils exemples: ils n'ont lieu, ils ne peuvent avoir lieu qu'en *France*.

Sic vivitur illic.

Mais aussi on y a l'*Opéra Comique*, le Grand *Opéra*, les *Boulevards*, les *Champs Elisées*, le *Mercure*, &c. &c. &c.

(20) Page 33. *Tant que j'ai écrit d'Angleterre, je n'ai essuyé aucune tracasserie:*) Cette remarque est aussi vraie que singulière; & elle tient à une anecdote plus singulière encore, s'il est possible, que tout ce qui a précédé: mais que je supprime par deux raisons; 1°. par

respect pour un nom auguste, qui s'y trouve mêlé; 2°. parce qu'elle est plus curieuse, plus piquante qu'utile. Tout ce qu'elle prouveroit; c'est la supériorité que donne même aux simples particuliers l'influence d'un atmosphère épuré par la Liberté, tel que celui de la *Grande Brétagne*, sur la fange du despotisme, qui souille, énerve presque également, & ses agens, & ses victimes : or cela a-t-il besoin de preuves?

(21) Page 40. *Un si long sacrifice.*) Je suis bien fâché pour M. le Mal. de *Duras*, de le tenir si long-tems sur une scène où il ne fait pas une bien honorable figure : mais encore une fois ce n'est pas ma faute. Pour me réduire à un silence éternel, il n'auroit eu besoin d'être généreux qu'un moment.

(22) Page 51. *Les privilèges du peuple.*) En citant la *Tour de Londres* à l'occasion de la *Bastille*, je commettrois une réticence injuste, & même criminelle, si je n'observois que ces deux séjours ont entr'eux bien plus de différence réelles que de ressemblances apparentes. Les Commandans de la Tour, la garnison qui exécute leurs ordres, sont soumis à l'inspection du *Parlement*, comme les autres sujets de l'Etat. Un prisonnier maltraité par eux a mille moyens de faire parvenir ses plaintes aux supérieurs qui peuvent y faire droit, & aux amis, aux parens intéressés à les faire valoir. Ce prisonnier est sûr *qu'on lui fera son procès*, & *publiquement.* Il a des conseils, des Avocats; tout ce qu'il doit éclaircir, ou détruire, lui est communiqué dans le

le plus grand détail. L'accuſation de *crime d'Etat* n'influe que ſur le dépôt auquel eſt confié l'accuſé ; elle ne change abſolument rien à la forme de la procédure qui doit décider de ſon ſort. Enfin, dans les délais même, & la ſévérité qu'elle comporte, il n'y a jamais l'ombre d'incertitude, non-ſeulement ſur ſon exiſtence ; mais même ſur l'état de ſa ſanté, ni ſur le lieu où il eſt détenu : eſt-ce-là la *Baſtille ?*

(23) Page 52. *Ou ſe pratique aujourd'hui dans le monde.*) Peut-être quelques cenſeurs pointilleux, ou quelques membres de l'adminiſtration m'accuſeroient-ils ici d'uſer d'hyperbole ; peut-être prétendoient-ils qu'il y a peu de pays où l'on ne trouvât, quant au fonds, l'équivalent de la *Baſtille*, &, quant à la forme des uſages, ou des abus encore plus horribles : ils eſſayeroient par ce parallele de juſtifier au moins indirectement l'abominable régime que je dénonce ici à toutes les ames honnêtes, & que les plus déterminés partiſans du deſpotiſme n'oſeroient ſonger à excuſer que par de ſemblables ſubterfuges.

Otons-leur encore cette reſſource. Je ſuis convenu que dans preſque tous les pays, le *Bien public* paroiſſoit quelquefois un motif capable de légitimer des rigueurs extraordinaires ; mais il n'eſt pas vrai que nulle part les loix, ou même un uſage conſtant aient rien conſacré d'approchant du régime de la *Baſtille*. Quelque répugnance que m'inſpire ce triſte & honteux ſujet, quelque dégoût que j'éprouve à la ſeule idée de prolonger la néceſſité de m'en occuper, dépouillons les annales de la tyrannie : parcourons le globe, & cherchons dans l'hiſtoire des crimes du pouvoir arbitraire, s'il y en a aucun que l'on puiſſe comparer à l'inſtitution du Château qui écraſe la Rue *St. Antoine* à *Paris*.

Ce court réſumé des miſères paſſées, ou étrangères, ſera peut-être plus d'impreſſion que la peinture la plus énergique des nôtres. En voyant quels ont été dans tous les tems les fruits des *Lettres-de-cachet* ; en les comparant à ceux qu'elles produiſent encore de nos jours, les *Titus* modernes décideront plus aiſément ſi c'eſt à eux qu'il convient de continuer de ſe ſervir d'une ſemblable reſſource, & de ſe piquer d'une ſemblable rivalité avec les *Phalaris*, & les *Nérons*.

Je le répète donc, & je vais le prouver par les faits : dans l'univers entier il n'y a jamais eu, il n'y a rien qui reſſemble au *Régime* de la *Baſtille*. On ne connoît point de nation flétrie par l'opprobre & l'atrocité d'une *Baſtille* toujours exiſtante ; d'un gouffre ſans ceſſe ouvert, pour recevoir des hommes, non pas à PUNIR, qu'on y prenne bien garde, mais à TOURMENTER ; d'un Purgatoire politique, où les fautes les plus légères, ſouvent l'innocence, ſoient arbitrairement ſoumiſes aux ſupplices de l'Enfer.

Dans toute l'antiquité vous ne trouvez de priſon d'*état* que chez les plus abominables tyrans, & même pendant leur règne. C'étoient, comme le fer & le poiſon, des fléaux paſſagers dont ces oppreſſeurs exécrés feſoient uſage tant que duroit leur usurpation, & qui disparoissoient avec eux : elles n'étoient pas liées à la constitution du pays : ce n'étoit pas un des ressorts favoris du gouvernement, ni la ressource habituelle de l'autorité. Ce qu'on connoît de leur police ne permet, en aucun sens, de les comparer à la *Bastille*.

On lit, par exemple, que le premier *Denys* en avoit une dans son palais à *Syracuse :* il y avoit même, dit l'histoire, pratiqué un raffinement dont il est peut-être étonnant qu'aucun des *Denys* subalternes qui ont marché sur ses traces avec tant de succès pour la perfection du régime de la *Bastille* ne se soit avisé. Les voûtes des cachots y étoient ondulées avec un tel art que tout ce qui s'y disoit, retentissoit, & s'entendoit distinctement dans un cabinet qui servoit de réceptacle à ces sons ramassés. C'étoit-là l'observatoire, ou si l'on veut le confessional où le tyran se plaçoit pour intercepter les conversations & les secrets des prisonniers : on appelloit ce cabinet ingénieux l'*Oreille*.

Cependant il falloit que l'*Oreille* ne rendît pas tout : car on ajoute qu'un philosophe y ayant été enfermé par *Lettre-de-cachet*, & en étant sorti, le tyran fut curieux de savoir de lui à quoi on s'y occupoit : *A souhaiter ta mort*, répondit le captif sincère. L'*Oreille* n'avoit donc pas révélé ce secret-là, dont le fruit fut, s'il faut toujours en croire l'histoire, une autre *Lettre-de-cachet*, portant ordre d'égorger tous les prisonniers.

Quoi qu'il en soit de ce dernier trait, puisque l'*Oreille* avoit été construite pour épier les conversations des prisonniers, ils conversoient donc entr'eux : ils se voyoient donc : ils n'étoient donc pas abandonnés à une ſolitude abſolue : ce n'étoit donc pas la *Baſtille*.

Chez les *Romains* il n'y avoit ni *Oreille* ni *Baſtille*. Du tems de la république les citoyens, même coupables, ne pouvant être arrêtés qu'après la condamnation, la prévenoient ordinairement par un exil volontaire : à plus forte raiſon l'innocence n'avoit-elle pas à redouter des cachots arbitraires.

Sous les Empereurs elle ne fut pas à l'abri des aſſaſſinats ordonnés au nom du Prince : mais alors c'étoit dans la maiſon même des victimes que ſe conſommoient les ſacrifices. La *Lettre-de-cachet* contre-ſignée, *Sejan*, *Narciſſe*, *Tigellinus*, &c. qui ordonnoit de mourir, étoit notifiée par un *Tribun*, un *Centurion*, à la tête d'une eſcouade de ſoldats : car par-tout ce ſont les militaires qui ſe chargent de ces fonctions, comme ce ſont les chiens qui lancent & déchirent le gibier.

A la vue de l'ordre miniſtériel les uns prenoient du poiſon : les autres ſe perçoient d'un poignard : d'autres ſe feſoient ouvrir les veines : la troupe environnoit la maiſon juſqu'à ce que l'affaire fut faite, & puis elle s'en retournoit froidement aux caſernes, comme ſi elle venoit de monter la garde.

On ne manquera pas de ſe récrier que cela eſt encore plus dur que la *Baſtille* : je n'en ſais rien : il n'y a guère que ceux qui y ſont qui pourroient décider cet étrange problême. Si je m'en rapportois à moi-même, à ce que j'ai éprouvé dans le tems, la méthode expéditive du deſpotiſme *Romain* me paroîtroit infiniment préférable. J'ai demandé mille fois verbalement, &

par écrit, une *Procédure*, ou la *Mort :* & alors le bain de *Seneque*, ou le poignard de *Trasea*, m'auroit paru une faveur.

Mais sans prononcer sur cette question, au moins est-il sûr que les *Narcisses* n'envioient pas à ceux dont la vie les importunoit, la consolation de *faire leur testament* avant de la quitter. Au contraire ils récompensoient par cette tolérance leur promptitude à obéir ; la faculté de rédiger ses dernières dispositions, & la certitude qu'elles seroient exécutées, étoient, suivant *Tacite*, *pretium festinandi*. Or on a vu qu'à la *Bastille*, la même résignation, la proximité d'une mort que je hâtois par mes vœux, ne m'a pas valu la même indemnité. Il y a donc quelque chose de plus d'un côté que de l'autre : à *Rome*, dans ces sortes de cas, la mort étoit plus infaillible ; en *France* on sait en rendre les approches plus douloureuses.

Ce n'est pas tout : cette précipitation meurtrière n'étoit à craindre que pour les grans. Les monstres qui l'avoient exigée échappoient rarement à la vengeance publique. *Sejan* fut déchiré par le peuple : *Neron* proscrit par des arrêts, auroit péri d'un supplice ignominieux s'il ne se fut lui-même arraché la vie : d'ailleurs les *Trajans*, les *Antonins* venoient de tems en tems délivrer *Rome* de cet opprobre, & empêcher la prescription qui en auroit fait avec le tems une des prérogatives de la couronne.

Sous les plus mauvais Princes même on voit que les *Criminels* d'*Etat*, ou plutôt les *Accusés* d'*Etat* ordinaires, n'étoient assujettis qu'à une gêne incommode, & non à une captivité horrible. On leur attachoit une main à celle d'un soldat qui ne pouvoit ainsi les quitter. C'étoit un désagrément sans doute que cette société ; mais elle n'empêchoit ni *Agrippa* de dormir paisiblement chez lui sous *Tibère*, ni St. *Paul* de prêcher publiquement sous *Neron*. Etoit-ce-là la *Bastille?*

La seule espèce de *Prison d'Etat* rigoureuse que l'on trouve constamment maintenue dans l'ancienne *Rome*, c'étoit ce que l'on appelloit la *Transportation*. On avoit de petites îles inhabitées, où l'on déposoit les personnages devenus suspects à la cour. On les y abandonnoit avec défense de *désemparer*, sous peine de mort. J'avoue qu'on ne voit pas qu'aucune procédure justifiât ordinairement *ces Lettres-de-cachet :* mais les infortunés ainsi dégradés conservoient cependant la vue du jour, & la faculté de respirer l'air : ils jouissoient d'une partie de leurs revenus : ils pouvoient se faire accompagner de quelques-uns de leurs domestiques : ils recevoient, ils écrivoient des lettres : enfin, si l'ennui devenoit trop fort, s'ils préféroient l'expatriation à cette honteuse résignation, ils pouvoient s'échapper, & ils s'échappoient. On voit bien que ce n'étoit pas encore-là la *Bastille*.

L'histoire du *Bas Empire* n'étant rien moins qu'exacte, il est impossible d'y suivre bien en détail la jurisprudence des *Lettres-de-cachet :* les prétendus Empereurs étant souvent fait & défaits avec aussi peu de cérémonie que les DEYS d'*Alger*, leurs Ministres n'auroient guère eu le tems de faire servir les *Prisons d'Etat* à leurs vengeances : au lieu de mettre les sujets en mue, ils leur coupoient la gorge sur-le-champ, & cette politique fut souvent adoptée par ceux mêmes qui jouissoient quelquefois d'un règne brillant & heureux.

Constantin avoit une méthode à lui : il fesoit étouffer dans des bains chauds les personnes dont il vouloit se défaire sans bruit, & sans scandale, telles que sa *Femme*, son *Fils*, &c. Pour son *Beau-père* il le fesoit étrangler, & décapiter son *Beau-frère* : il ne ménageoit guère les *Evêques* ; il se contentoit de les exiler : mais il paroît qu'il n'enfermoit personne.

On pourroit soupçonner que sous son fils *Constantius* on commençoit à jetter les fondemens d'une *Bastille* : car y ayant eu quelques troubles dans un concile tenu par ses ordres; les Pères s'y étant divisés, & les choses ayant été jusqu'à la violence, des *Commandans de Province*, porteurs de *Lettres-de-cachet*, en firent enfermer quelques-uns : un d'entr'eux, nommé *Lucifer*, écrivit à l'Empereur lui-même en ces termes : ......
„ Parce que nous nous sommes séparés de votre „ concile d'iniquité, nous languissons en pri- „ son, privés de la vue du soleil ; gardés avec „ soin dans les ténèbres ; & on ne laisse entrer „ personne pour nous voir .... „ Voilà bien la peinture d'une *Bastille*.

Cependant d'un côté on voit que le Prélat avoit la permission de s'adresser directement au Prince, & de se plaindre à lui des rigueurs de sa détention, ce qui est précisément un des points le plus formellement interdits par le Code des *Bastilles* ; de l'autre, il est probable que si une invention aussi admirable s'étoit une fois introduite dans l'Empire, elle s'y seroit perpétuée :

il n'auroit pas fallu attendre jusqu'à *Louis XI* pour la ressusciter : or on n'en revoit plus de traces à *Constantinople*. Quand on voulut se défaire de St. *Jean Chrysostôme* on l'envoya à *Cucuse*; au lieu de le tuer par l'immobilité d'un cachot on le fit périr par des courses violentes : mais on n'eut pas même l'idée de l'ensevelir dans une citadelle, où il fut censé mort de son vivant.

Dans l'empire *Grec* les Secrétaires d'Etat & leurs commis sentirent de bonne heure combien il leur étoit important de priver de la lumière les hommes qu'ils jugeoient dignes de leur attention & de leur ressentiment : mais ils n'imaginèrent pas des caveaux pratiqués dans des murailles de vingt, de trente pieds d'épaisseur, ils attaquèrent les yeux même, au lieu d'en enlever l'usage : on les arrachoit, on les rôtissoit avec des lames d'argent ou de cuivre ardentes; on les étuvoit quelquefois avec du vinaigre bouillant, le tout en vertu d'une *Lettre-de-cachet*.

Ces *Criminels d'Etat* devenoient aveugles, je l'avoue : mais enfin le despotisme qui les martyrisoit ainsi n'étoit pas une *Loi de l'Etat :* il n'y avoit pas à la cour de Ministre qui eut le district particulier des *aveuglemens*. Le *Lieutenant de Police* de *Constantinople* n'étoit pas créé par un brevet exprès Commissaire Impérial à l'application du vinaigre enflammé, ou des estampilles brûlantes.

Dans la *Constantinople* moderne, ce scandale de notre prétendue philosophie, & en apparence de l'humanité ; il y a une forteresse qui semble avoir quelque affinité avec la *Bastille :* ce sont les

Sept Tours : nos voyageurs l'appellent une *prison d'Etat ;* mais d'après leurs relations même on voit que c'est un dépôt plutôt qu'une prison. On n'y consigne guère que les Ambassadeurs Chrétiens des Puissances qui rompent avec la Porte ; & ils continuent non-seulement d'y voir qui ils veulent, mais d'être servis par leurs propres domestiques.

Les esclaves dont la rançon est stipulée, mais non payée, sont quelquefois obligés d'aller y attendre l'exécution de ce marché : alors c'est un asyle pour eux, autant qu'une sûreté pour leurs maîtres. Oisifs, bien nourris, souvent visités, c'est une anticipation de la liberté qu'ils goûtent, & non pas des fers qu'ils supportent.

Mais jamais on ne s'est avisé d'enfermer aux *Sept Tours* uniquement pour y languir, pour y être séquestrés plus rigoureusement que les plus abominables scélérats, des hommes à qui l'on n'impute point de crimes. Jamais ni *Sultan*, ni *Visir*, ni *Cadi*, ni *Janissaire* n'a pensé à donner, ou à solliciter, ou à exécuter une *Lettre-de-Cachet* contre un Bourgeois de *Constantinople*, d'*Erzerum*, ou de *Salonique*, pour avoir trouvé l'aigrette du *Grand Visir* moins brillante qu'à l'ordinaire, ou la pabouche du *Selictar* mal brodée.

Si un blasphémateur a outragé le Prophète, on le circoncit, ou on l'empale : la loi étoit précise, & au moins il a le choix. Si un *Visir* a abusé de son pouvoir, on l'exile, on le dépouille ; quelquefois on l'étrangle : pourquoi se fesoit-il Visir ? pourquoi étoit-il avide ? Si un Boulanger vend à faux poids, & vole ainsi le public, il est puni comme un voleur : la punition est prompte

& quelquefois terrible : mais le délit & la conviction l'ont toujours précédée. Tous les habitans de ce vaste empire, *Grecs*, *Arméniens*, *Francs*, *Asiatiques*, *Européens*, *Tartares*, *Catholiques*, *Schismatiques*, *Cophtes*, *Juifs*, *Musulmans*, &c. passent leurs jours dans la plus paisible, la plus heureuse sécurité, s'ils observent les loix, s'ils ont sur-tout le bonheur d'être inconnus au Sérail : ils n'ont pas même d'idée d'une *Bastille* & d'une *Lettre-de-cachet*.

En *Perse*, dans ses tems de gloire & de calme, c'est-à-dire jusqu'aux guerres civiles qui la dévastent depuis un demi-siècle, non-seulement ces ressources de la vengeance ministérielle étoient également inconnus, mais la justice ordinaire même, avoit trouvé moyen d'épargner aux accusés vraiment suspects l'humiliation & l'horreur des cachots. Les prisons y étoient mobiles. L'homme dont l'ordre public exigeoit que l'on s'assurât ne perdoit de sa liberté que ce qu'il falloit lui en ôter pour qu'il ne pût ni se soustraire au châtiment, ni se rendre plus criminel. Une industrie plus compatissante que sévère y avoit imaginé la *Cangue*, espèce de triangle de bois portatif, qui étant fixé au col, & prenant une des mains de l'accusé, ne pouvoit ni se cacher, ni se détacher, sans cependant lui ôter aucune de ses facultés. Portant ainsi avec lui une garde peu dispendieuse, il conservoit la jouissance du jour, celle de la vie, l'administration de ses affaires, toutes les facilités nécessaires pour éclaircir son innocence, sans cesser d'être soumis à la puissance civile chargée de la vérifier.

On nous parle des exécutions sanglantes ordonnées par des monarques yvres : mais ces horreurs étoient renfermées dans les harems ; & l'institution seule de la *Cangue* prouve que l'esprit général de la nation, sans excepter le gouvernement, avoit autant de douçeur que d'équité.

C'est la même chose au *Mogol*, dans toutes les *Indes*, à la *Chine*, au *Japon*. Dans ce dernier pays, d'où notre inquiétude nous a justement fait bannir, les relations qui nous en viennent assurent que les mœurs sont cruelles, & les supplices aussi prompts qu'affreux. Cela se peut ; mais au moins d'un côté la rapidité compense la barbarie : on ne connoît point ces longues détentions qui éternisent le plus horrible des supplices, le désespoir produit par l'incertitude de la fin des maux.

L'homme que l'on éventre, qu'on précipite sur des crocs ; qu'on hache en dix mille morceaux ; qu'on pile vivant dans un mortier, s'il est vrai que ces peines raffinées soient communes, cet homme a été jugé ; il a pu se défendre, se justifier : c'est le magistrat, c'est la loi, & non pas le caprice qui l'ont condamné.

Nos missionnaires ont quelquefois habité des prisons dans l'*Inde*. Etrangers, inconnus, prêchant des nouveautés qui devoient paroître bisarres, même aux appréciateurs les plus indifférens, & dangereuses, criminelles aux magistrats, & sur-tout aux prêtres dont ils se déclaroient les ennemis, il n'y avoit point d'hommes contre qui la sévérité fût plus légitime, & les *Lettres-de-cachet* plus excusables : cependant ils sont obligés de rendre justice à l'humanité des juges qui les détenoient, des geoliers qui les gardoient, des naturels du pays qui les visitoient, les consoloient, les nourissoient.

Nous ne voyons d'exemple approchant de nos châteaux royaux & des ordres qui les peuplent, que dans l'aventure des princes du sang baptisés par les *Jésuites*, exilés d'abord, & ensuite renfermés sous l'Empereur *Jontching*. Les missionnaires qui nous ont instruits de cette catastrophe ne nous en ont point révélé la cause : mais quelle qu'elle soit, leur récit constate bien qu'il n'y a point de *Bastille* à la *Chine*. puisqu'on fut obligé d'en construire une exprès pour chacun des princes destinés à en subir le séjour.

Et alors même ce ne fut pas une soustraction clandestine, opérée sourdement par des *Exempts de Police*, qui laissât une égale incertitude sur la vie des prisonniers, & leur crime, ou leur innocence. Ces prisons momentanées furent construites avec appareil; on eut soin de les rendre visibles, comme l'exemple d'un grand châtiment, & sans doute dans le pays personne n'en ignoroit le sujet.

Mais au milieu de cette rigueur effrayante, les patiens recevoient encore des adoucissemens : ils voyoient quelquefois leurs domestiques : ils fesoient demander les secours spirituels des guides auteurs de leur infortune : on leur portoit de chez eux des habillemens, de la nourriture, des nouvelles, enfin tout ce qui est scrupuleusement exclus de la *Bastille*.

Dans l'*Asie* entière il est impossible de découvrir une *Prison* d'*Etat* constante, admise au nombre des principes du gouvernement, ailleurs qu'à *Ceylan*. « Le Roi y a, dit un voyageur, » quantité de prisonniers, qui sont enchaînés, » les uns dans les prisons ordinaires, les autres » sous la garde des Grans. On n'oseroit s'in- » former pourquoi, ni depuis quel tems ils y » sont; on les tient ainsi durant cinq ou six » années : quand on les emprisonne, c'est par » l'ordre du Roi. »......

Voilà bien quelque chose de la *Bastille :* les *Mistères* d'*Etat* de *Ceylan* se rapprochent un peu de ceux de la *Rue St. Antoine :* mais observez cependant qu'il n'y est pas question de ces cachots spécialement destinés à ensevelir les infortunés sur le crime, ou la catastrophe desquels le silence est si impérieusement prescrit. Ils sont déposés dans les *Prisons ordinaires*, ou confié à la *Garde des Grans.*

Dans le premier cas ils n'essuient donc qu'un malheur commun à tous les accusés : dans le second ils doivent trouver dans ces *Chartres privées*, quoique *Royales*, des soulagemens de toute espèce. On ne peut pas supposer que toute la noblesse de *Columbo*, ou de *Candi*, prenne le cœur d'un Gouverneur de la *Bastille ;* parce qu'un despote en exige d'elle passagèrement les fonctions. Il est évident d'ailleurs qu'aucun de ces gentils-hommes basanés, ne peut avoir chez lui, ni ces fenêtres, & ces cheminées à dentelles de fer, ni ces murs de trente pieds d'épaisseur, ni ces *Cabinets* qui sont une prison, dans une prison, & qui varient à chaque instant les douleurs, comme l'ignominie.

L'*Asie* entière est donc évidemment exempte de cette peste qui consume chez nous tant de citoyens.

En *Amérique* il y a bien d'autres sortes d'oppressions, & en *Afrique* aussi ; mais on n'y connoît pas celle-là. Les *Indiens* dans le nouveau monde sont écrasés par des maîtres impitoyables, qui sont eux-mêmes avilis par la superstition ; une partie des côtes de l'*Afrique* est soumise à un gouvernement arbitraire, qui n'a que les abus, & les dangers de celui qui règne en *Asie*. Le reste n'est guère dévasté que par notre commerce : ce sont des marchands d'*Europe* qui portent des chaînes aux habitans de *Congo*, ou de *Juida*, & non leurs Princes qui les en accablent : on les vend, on les dévoue à une vie active : mais aucun Ministre n'a le droit de les condamner pour son *bon plaisir* à une inaction meurtrière : certainement ils sont très-malheureux dans les cases des *Antilles :* mais c'est d'un autre malheur, & d'un malheur qui admet des adoucissemens, des consolations. Ils ont leurs femmes, leurs enfans : l'exactitude à remplir leurs devoirs, peut les sauver du fouet des *Commandeurs :* mais elle ne sauve personne d'une *Lettre-de-cachet*, & du régime qui ensuit.

C'est donc dans l'*Europe* seule qu'on peut redouter ces terribles fléaux, & encore dans quelles parties de l'*Europe* sont-ils à craindre ? Ce n'est pas, comme on le sait, dans toute la *Grande-Brétagne*. Une détention arbitraire y seroit un crime de *Lèse Peuple*, presque aussi rigoureusement poursuivi qu'un de *Lèse Majesté :* & j'ai rendu ci-dessus hommage à la vérité non moins connue, que dans les détentions même que des intérêts supérieurs, & des ordres relatifs au service public, autorisoient l'accusé, le prisonnier, même coupable, ne perdoient aucun des droits de l'innocence, ni aucune de ses ressources.

En *Allemagne* les Princes sont en général assez despotiques, dans le sens que l'usage ordinaire attache à ce mot; c'est-à-dire, qu'aucune barrière effective ne gêne ni l'emploi, ni l'abus de leur pouvoir : cependant ils n'ont ni *Bastille*, ni équivalent. Rien ne les empêcheroit de se donner cet amusement : mais soit que l'idée n'en vienne qu'aux Ministres des grans états; soit que le recours à l'*Empereur*, ou aux Tribunaux existans, & la crainte de donner trop d'influence à des épouvantails qui ne manqueroient pas l'occasion de se signaler, s'ils la trouvoient, contiennent les propriétaires de ces grans fiefs; soit que le peuple encore docile, patient, & en général peu instruit, comme peu passionné, obéisse assez sans qu'on l'assujettisse à ce joug, il me semble qu'il n'existe de *Bastille* depuis le *Rhin*, jusqu'à l'*Oder*, que *Spandaw*.

Mais 1°. *Spandaw* existe dans une monarchie toute militaire. Ce colosse né de nos jours, & parvenu par la force à un développement aussi étonnant que rapide doit conserver dans sa constitution, quelque chose de son origine; 2°. c'est même aux *Militaires* que la *Bastille Brandebourgeoise* est spécialement destinée. Il est très-rare que les *Citadins* en partagent le funeste honneur : & des soldats, qui ne reconnoiſſent d'autres truchemens que la bayonnette & le canon, pourroient-ils ſe plaindre qu'on leur parlât quelquefois avec des *Lettres-de-cachet ?*

En *Danemarck* depuis l'abominable *Chriſtiern* je ne vois pas que les Rois, ni leurs Miniſtres, aient eu la tentation d'en décocher, ni que le *Jutland*, ou la *Fionie*, gémiſſent ſous des maſſes auſſi peu utiles, auſſi meurtrières que la *Baſtille.* En *Suède* aucun Roi n'a ſouillé ſon règne par l'ordre d'en conſtruire, ou d'en faire uſage.

Enfin en *Ruſſie*, celui de tous les pays du monde, ou les anciennes mœurs auroient été les plus compatibles avec la *Baſtillerie* & ſes dépendances, elles ont conſacré précifément des uſages contraires : les *Lettres-de-cachet* y ſont dans toute leur vigueur : mais les ſuites en ſont toutes différentes : c'eſt une province entière qui eſt devenue une priſon d'état. En *France* un des tourmens des captifs, c'eſt la petiteſſe de leur cachot : en *Sibérie*, ils ne gémiſſent que de ſon immenſité. Les uns ſont enſevelis dans de vrais tombeaux : les autres ſont perdus dans de vaſtes déſerts. Quelque infortuné que ſoient ceux-ci, il eſt évident qu'ils ſont cependant moins à plaindre. Ils ont des diſtractions & des dédommagemens. Leurs familles les ſuivent ; les accompagnent : ſi leurs cœurs ſont déchirés ſouvent, en ſe rappellant les uns aux autres ce qu'ils ont perdu, ils peuvent ſe conſoler, en s'occupant de ce qui leur reſte : au moins ils pleurent enſemble, & les ſeules larmes vraiment amères ſont celles qui ſe verſent dans la ſolitude.

D'ailleurs

D'ailleurs l'activité de la vie qu'ils sont forcés de mener les préserve de l'ennui, du tourment de se reporter sans cesse sur le passé; de trembler d'avance de ce que prépare l'avenir. Ils sont bien malheureux sans doute : mais ils ne croiroient pas l'être, s'ils connoissoient la *Sibérie Françoise*.

En *Espagne* il y a, je crois, deux ou trois tours mises aussi par le Ministère au nombre des ressorts du Gouvernement & des besoins de l'Etat; mais elles sont peu remplies, parce qu'elles ont eu jusqu'ici pour rivales les prisons de l'*Inquisition* : un peuple qui porte ce dernier joug, & le porte paisiblement, ne peut entrer comme terme de comparaison dans aucun calcul de politique, relativement au premier.

En *Italie*, comme en *Allemagne*, ce dernier est très-peu connu. A *Rome* & à *Venise* il existe cependant des indices d'un pouvoir redoutable, & d'un *Bastillage* très-caractérisé. Il existe dans l'une un château, & dans l'autre un tribunal, qui sont également des outrages à la justice, & des ames toujours prêtes pour le despotisme. Cependant la multitude d'étrangers qui ne cessent de traverser ces contrées célèbres, prouve que l'usage en est moins fréquent, que l'appareil n'en est pas terrible. Quand un *Anglois*, un *Hambourgeois* s'embarquent pour aller à *Rome*, entendre des *Oratorio*, & admirer *St. Pierre*, ou danser en masque à *Venise*, leur famille ne les conjure pas en tremblant de se garder de l'ancien château d'*Adrien*, ou de l'*Inqusition d'Etat*; & il n'y a point d'étranger annonçant qu'il va en

France, à qui l'on ne dise de se défier de la *Bastille*.

D'après les faits & l'opinion la *Bastille* est donc un monument *Incomparable*, C. Q. F. D.

(24) Page 62. *Que sont donc ceux qui les ont détruites ?*) Je n'apprécie pas ici les manipulations de M. *Necker* : j'ai eu beaucoup à me plaindre de lui, & plus encore de sa femme, qui étoit plus ministérielle que lui : mais ces foiblesses privées ne doivent point influer sur le jugement qu'un écrivain impartial peut porter des opérations des hommes en place. M. *Necker* conserve encore de nombreux partisans : il a fait entrevoir en *France*, ce qui n'est pas un petit mérite, l'espoir d'une ombre de restauration. S'il n'avoit pas été contrarié par une guerre ruineuse, ou plutôt par l'ineptie dépensière qui dirigeoit malheureusement de son tems les forces *Navales* du Royaume, on peut croire qu'il auroit vraiment fait le bien.

Ce qu'on peut lui reprocher seulement, d'après les faits, c'est de s'être donné trop d'éloges par la bouche du Prince, dans les préambules des édits qu'il dictoit ; c'est d'y avoir trop adopté la méthode verbeuse & emphatique de son prédécesseur : c'est sur-tout d'avoir, comme son prédécesseur encore, préféré les petits moyens aux grans : c'est de ne s'être occupé dans ses réformes que des abus particuliers, qui se seroient dissipés d'eux-mêmes après la régénération générale, s'il avoit eu le courage de l'entreprendre ; c'eſt de n'avoir fait que des tentatives molles, imparfaites, comme M. *de St. Germain* ; de n'avoir oſé, par exemple, propoſer des *Etats* pour toutes les provinces, & d'en avoir inutilement établi l'ombre dans les *Aſſemblées Provinciales*, & d'avoir ainſi eſſayé de concilier les principes du deſpotiſme avec ceux de la liberté ; enfin, c'eſt de s'être amuſé à penſer des abcès, tandis qu'il avoit à traiter une grangrène univerſelle : de les avoir traités en manipulateur obſcur plutôt qu'en phyſicien élevé, d'avoir fait dans toutes ſes opérations des viremens de banque, & non des diſpoſitions politiques.

(25) Page 51*bis*. *Des Princes de la Famille Royale.*) J'ai eu aſſez promptement la permiſſion d'*écrire* ; il ſemble que ce ſoit une grande marque de bienveillance, & un ſoulagement inappréciable : qui pourroit deviner, ce qui n'eſt cependant que trop vrai, que c'étoit pour moi une torture de plus ?

1°. Le papier, on ne me le donnoit que par compte, ſur un *reçu*, en règle, avec l'aſſujettiſſement, pour en obtenir de nouveau, d'indiquer l'emploi de l'ancien ; eſpèce de ſervitude qu'il faut avoir éprouvée pour apprécier tout ce qu'elle a de poignant.

2°. On ſe doute bien que je ne pouvois être tenté d'employer ce papier qu'à des lettres, à des mémoires relatifs à ma liberté. Or à qui les adreſſer ? Aux Miniſtres ! Ils ne répondoient point : & ma ſituation ſeule prouvoit aſſez que ce n'étoit pas d'eux que je pouvois attendre des ſecours ! A mes amis, à mes protecteurs ! J'étois prévenu que rien ne paſſoit, que rien ne paſſeroit juſqu'à eux. Je l'étois qu'ils *me croyoient mort ;* que ceux à qui l'on ne pouvoit pas en impoſer ſur cet article ne montroient que de l'indifférence ? Au bout de huit mois on m'accorda la correſpondance du S. *Le Queſne* dont on ne ceſſoit de me vanter le zèle, & la probité. Or pour ſavoir ce que c'étoit que le S. *Le Queſne*, conſultez, Lecteur, l'Avis que j'ai donné aux Souſcripteurs dans mes Annales.

(26) Page 71. *Qui en gémiſſent.*) Ils en ont une double raiſon d'abord, comme ils ſont les ſeuls intermédiaires qui approchent des reclus, ils en ſont néceſſairement auſſi les confidens ; ils en reçoivent les plaintes, & quelquefois les humeurs. Mal-payés, traités avec dédain par les ſupérieurs, attendant quelques gratifications des priſonniers que le deſpotiſme n'a pas dévoués à une captivité éternelle, ne ſachant jamais ſi elle aboutira à l'*échafaud*, ou au *Miniſtère ;* ſi leur commenſal finira par être aſſaſſiné juridiquement comme *Lally*, ou *Mal. de France* comme *Belle-iſle*, & tant d'autres, ils ne ſont pas fâchés de trouver quelquefois l'occaſion de montrer un peu de zèle.

L'humanité peut quelquefois auſſi agir ſur ces cœurs ruſtiques, que l'opulence n'a point endurcis. Je dois même cette juſtice à ceux de la *Baſtille*, de publier qu'ils en ſont les ſeuls agens ſur qui ce ſentiment paroiſſe avoir quelque prise. Les simples soldats y sont, comme ailleurs, une muette stupide que le fouet dirige, & qui ne connoissent dans, ou hors leur chenil, que la soupe, & l'ordre des piqueurs. L'*Etat major* supérieur joint à cette bassesse obéissante l'insolence, & la dureté que donne l'habitude du commandement : L'*Etat major* des *Porte-clefs*, se trouvant entre les deux, est par cela même le seul auprès duquel la commisération puisse avoir accès.

Mais ils ont de plus une forte raison de s'opposer aux retranchemens qu'opère sur la table des prisonniers, la lésine du Gouverneur, ou du moins de souhaiter qu'elle soit reprimée : c'est que la desserte leur en appartient : & l'on ne peut pas imaginer combien l'honnête M. *De Launay* en est jaloux. Pour peu que lui & son Ministre conservent leurs places, je ne doute pas qu'il ne vienne bientôt quelque lettre signée *Amelot*, qui mette ordre à cet horrible désordre.

Au reste, si ces grans dépositaires des *Secrets de* l'*Etat* n'avoient pas aussi leurs petits secrets particuliers ; si le silence qui couvre leurs barbaries envers les prisonniers n'étoit également nécessaire pour dérober la honte, & l'iniquité de leurs conventions privées entr'eux, il seroit facile au Gouverneur actuel de motiver l'avarice qui préside aux approvisionnemens de sa taverne.

Il regarde comme son bien propre, comme un vrai patrimoine, les *soixante mille livres de rente* attachées à son emploi ; & il en a quelque raison, car il les a *achetées*, & même assez chérement.

1°. Il en a obtenu la *survivance* du tems du Comte de *Jumilhac ;* mais celui-ci, pour se déterminer à accepter un coadjuteur, a exigé cent mille écus comptant, qui lui ont été payés ; & de plus le mariage de son fils avec la fille de M. *de Launay*, regardée comme une riche héritière, ce qui a eu lieu.

2°. M. *de Launay*, malgré cet accord, n'ayant pour lui, ni nom, ni services, ni agrémens, ni même de protections, auroit encore pû essuyer un refus : heureusement il avoit un frère au service de M. le *Prince de Conti :* le frère a obtenu l'intervention du Prince, qui a obtenu le consentement du Ministre, dont les Commis ont expédié les patentes, signées *Amelot ;* & pour payer la recommandation de son cadet, l'heureux aîné lui a assuré une pension de *dix mille francs* par an, sur les revenus de sa place.

Ce marché est tout public à la *Bastille :* il n'y a pas un des Marmitons qui n'en soit instruit : & pourquoi s'en scandaliseroit-on ? Tous les emplois qui y existent en occasionnent de semblables. Celui de *Lieutenant du Roi* vaut environ 8000 livres T. par an ; le possesseur actuel en a donné à son prédécesseur une somme comptant dont j'ignore la quotité ; & il lui fait une pension annuelle de mille écus, dont je suis très-certain.

Ceux de *Porte-clefs* valent à-peu-près 900 liv. T. par an : ils sont ordinairement remplis par d'anciens *Laquais* du Gouverneur ; ainsi c'est pour les récompenser qu'on les fait bourreaux : mais ils n'obtiennent pas encore gratuitement ce prix honteux de leurs fatigues passées. Il n'y en a pas un qui ne ſoit obligé de faire en entrant, ou un préſent, ou une rente à quelque protégé ou protégée.

Enfin le *Blanchiſſage* même eſt l'objet d'un tripotage de cette eſpèce : la *blanchiſſeuſe* en titre reçoit du Roi environ trois ſols par *chemiſe :* elle afferme ſon brevet à un ſouſtraitant qui lui en laiſſe le tiers, & gratte le linge des réclus à deux ſols par pièce.

Voilà comme ſe fait *le ſervice du Roi*, & celui des *Priſonniers :* voilà comment ſe maquignonnent ces emplois de *confiance*. Voilà à la diſcrétion de qui eſt remiſe la vie d'un homme innocent, qui n'a à ſe reprocher que le malheur plus ſouvent attaché à la vertu qu'au crime, d'avoir des ennemis nombreux & puiſſans.

(27) Page 74. *Ecole de Poiſon.*) On ſait que les crimes de la fameuſe *Brinvilliers*, au ſiècle dernier, vinrent de l'éducation que ſon amant avoit reçu en ce genre à la *Baſtille*. Un *Italien*, nommé *Exili*, qu'on lui avoit donné pour compagnon de chambre, fut ſon précepteur : ce qui prouve, pour l'obſerver en paſſant, auſſi bien que les mémoires que j'ai cités ailleurs, que dans ce temslà on ne connoiſſoit à la *Baſtille*, ni la ſolitude, ni les privations de toute eſpèce qui en forment aujourd'hui la conſtitution caractériſtique ; mais ce n'eſt pas ſans doute le danger de cette éducation criminelle qui a amené la réforme d'aujourd'hui.

Au reſte, il ne s'agit pas ici de la funeſte théorie d'*Exili ;* je ne parle que de la facilité d'en imiter la pratique. Or il eſt ſûr qu'elle eſt entière à la *Baſtille*, ainſi que l'impuiſſance abſolue pour un priſonnier de s'y ſouſtraire, ſi c'étoit le Gouvernement qui voulut attaquer ſa vie par cette voie, & l'impuiſſance non moins abſolue, je ne dis pas d'acquérir la preuve de ce crime, s'il étoit commis par d'autres inſinuations, & qu'on put y échapper, mais même d'en recueillir le moindre indice. Si, dans ce ſecond cas, ce n'eſt pas pas directement à l'adminiſtration qu'on peut le reprocher, elle en eſt toujours complice par la facilité qu'elle donne à le commettre : un paſſant eſt aſſaſſiné par deux brigands dans un bois; celui qui ſe feroit contenté de lui tenir les bras, tandis que ſon camarade l'égorgeroit, ſeroit-il reçu à ſoutenir qu'il n'a pas concouru au meurtre?

Princes vertueux & bienfaiſans, cette ſeule idée ne vous fera-t-elle pas horreur? Par le régime de la *Baſtille* votre nom peut devenir journellement tout à la fois l'inſtrument du plus lâche de tous les crimes, & un voile impénétrable pour le couvrir. Vous enverriez au ſupplice quiconque oſeroit vous propoſer de ſervir de votre main ſacrée, aux victimes de la tyrannie de vos Miniſtres, un breuvage mortel & par ce régime infernal la *Lettre-de-cachet* qu'ils vous ſurprennent leur aſſure le moyen de le verſer impunément eux-mêmes.

Les geoliers qu'ils emploient ſe récrieront que ce ſoupçon ſeul eſt une inſulte à leur délicateſſe! Mais encore une fois les loix qui interdiſent les *Chartres privées;* celles qui ordonnent de reſpecter la liberté des hommes, ſont-elles moins authentiques, moins ſacrées que celles qui protègent leur vie? Celui qu'un ſordide intérêt engage à violer les premières, non-ſeulement ſans ſcrupule, mais avec joie, héſitera-t-il à enfreindre les ſecondes quand il ſera ſollicité par un intérêt plus vif, par une amorce plus ſéduiſante? Et qu'eſt-ce qu'une vertu qui dépend du prix qu'on en voudra donner? Quand les chefs ſeroient ſuſceptibles de ce ſcrupule, les ſubalternes le ſeront-ils? & s'ils ſuccombent, le *Secret* de la *Baſtille*, n'aſſure-t-il pas leur impunité comme leur ſuccès? Tous achètent leurs places; je l'ai fait voir ci-deſſus. Or des hommes capables de donner de l'argent pour acquérir le droit de ſe ſouiller de cet infame ſervice, parce qu'il eſt lucratif, réſiſteront-ils bien courageuſement à la tentation de le rendre plus lucratif encore, par des complaiſances bien payées?

J'inſiſte ſur cette idée, parce qu'elle ma bien long-tems, bien cruellement occupé, ou plutôt déchiré; parce que dans le nombre innombrable des raiſons qui preſcrivent l'abolition de la *Baſtille*, ou du moins de ſon régime, c'eſt la plus frappante. On peut tromper un Souverain même bien-intentionné, au point de lui perſuader que les *Priſons* d'*Etat* en général, & les ordres arbitraires qui les peuplent, ſont un acceſſoire inſéparable du Gouvernement, & néceſſaires au maintien de l'ordre public, comme à celui de la Couronne : mais il n'y en a point à qui l'on put perſuader qu'il lui importe de donner aux plus mépriſables ſatellites ſur la vie de tous ſes ſujets, ſans diſtinction, un droit qu'il frémiroit de s'arroger à lui-même : & il eſt démontré cependant que c'eſt-là le fruit néceſſaire du *Régime* de la *Baſtille*.

(28) Page 78. *A M. Raymond Gualbert de Sartines.*) Ce n'eſt pas, à la vérité, l'horloge ſeul que M. *Raymond Gualbert de Sartines*, &c. a ſi ingénieuſement reconſtruit. L'inſcription apprend qu'il a été auſſi l'ordonnateur du bâtiment où cette machine eſt placée; bâtiment qui comprend la *Cuiſine*, les *Bains* de Mde. la *Gouvernante*, le *Chenil* des *Porte-clefs*, & du reſte de la *Harde* qu'on appelle l'*Etat major*, excepté le Gouverneur, qui comme je l'ai obſervé, loge au dehors, quoique ſa cuiſine ſoit au dedans, & que Madame s'y baigne; & ces bains ont des particularités au moins auſſi remarquables que l'horloge.

Qu'une femme de Gouverneur ſe lave dans un lieu, ou dans un autre, rien ne ſemble plus indifférent, & rien en effet ne devroit l'être davantage : mais à la *Baſtille* tout a des conſéquences, & elles ſont toujours douloureuſes.

La *baignoire* de *Madame* étant placée dans l'intérieur du Château, pour y parvenir il faut traverſer la cour, & par conſéquent le ſeul eſpace qu'ayent les priſonniers, comme je l'ai dit, pour ſe promener. Mais ce ſont ſes Laquais qui portent l'eau : il faut qu'ils entrent, & qu'ils ſortent; par conſéquent chaque voie entraîne pour le promeneur, comme on l'a vu, un ordre de *cabinet*. (*Voyez page* 79.)

Enſuite viennent *les Femmes de Chambre :* il faut porter les *chemiſes*, les *ſerviettes*, les *pantoufles* de *Madame :* tout ſeroit perdu, ſi le reclus appercevoit le moindre de ces *Secrets de l'Etat;* chaque importation produit donc encore un *cabinet.*

Enfin arrive *Madame* elle-même : elle n'est pas légère : sa marche est un peu lente : l'espace à parcourir est assez long : le Sentinelle, pour faire sa cour, & prouver son exactitude, crie *Au cabinet* dès qu'il l'apperçoit ; il faut fuir : il faut rester *au cabinet*, jusqu'à ce qu'elle soit rendue à sa baignoire : & quand elle sort, sa retraite est accompagnée des mêmes formalités en sens contraire. Le reclus a de même à supporter, dans *le cabinet*, la Maîtresse, les Femmes de chambre, & les Laquais.

De mon tems le Sentinelle dans un de ces passages ayant oublié de heurler le signal de la fuite, la moderne *Diane* fut vue dans son déshabillé : j'étois l'*Actæon* du jour : je n'essuyai point de métamorphose ; mais le malheureux Soldat fut mis en prison pour huit jours : je ne pus l'ignorer, puisque j'en entendis donner l'ordre.

Ailleurs les bains donnent de la santé, ou préparent des plaisirs. Une Gouvernante de *Bastille* n'a point de crise de propreté qui n'en entraîne plusieurs de désespoir.

(29) Page 84. *Pour la nourriture & le vêtement.*) On a vu dans le texte ce que c'est que la *Nourriture*. Quant au *Vêtement* M. le Gouverneur m'a souvent parlé de ses largesses en ce genre : je ne crois pas qu'il m'ait jamais honoré de ses visites sans me parler des *culottes* qu'il distribuoit libéralement à SES *prisonniers* ; car en parlant des malheureux reclus il emploie toujours le terme possessif. Voici ce qui m'est arrivé à moi-même.

J'ai été arrêté le 27 Septembre, allant dîner à la campagne ; & par conséquent avec la garde-robe que l'on emporte pour un pareil voyage, dans cette ſaiſon. Il ne m'a pas été poſſible de me procurer quoi que ce ſoit de plus, ni en linge, ni en habits, juſqu'à la fin de Novembre ſuivant; dans ce mois qui a été rigoureux en 1780, il falloit, ou me condamner moi-même à ne pas ſortir de ma chambre, ou aller nud, littéralement nud, braver dans la promenade la violence du froid : & j'avois de l'argent, comme je l'ai dit, dépoſé dans les mains des officiers, & je ne demandois que la permiſſion d'*acheter* ces culottes, que l'on *donnoit*, me diſoit-on, aux autres.

Il y a plus, dans les derniers jours de Novembre, on m'envoya enfin de chez le S. *Le Queſne* un convoi d'hyver; il contenoit des bas qu'un enfant de ſix ans n'auroit pas pu mettre, & le ſurplus de l'habillement taillé ſur les mêmes proportions. Sans doute on avoit calculé que je devois être prodigieuſement maigri. Cela ne paroîtra puérile qu'à ceux qui ne réfléchiront pas aux circonſtances; mais voici qui ne le paroîtra à perſonne.

J'élevai douloureuſement la voix ſur une expédition auſſi dériſoire; je priai le Gouverneur de renvoyer cette layette, & de s'intéreſſer pour m'obtenir un ſupplément, ou de me le laiſſer acheter; il me répondit nettement, en préſence de ſes Collègues & d'un *Porte-clef*, QUE JE POUVOIS M'ALLER FAIRE....... QU'IL SE F..... BIEN DE MES CULOTTES; QU'IL FALLOIT NE PAS SE METTRE DANS LE CAS D'ÊTRE A LA BASTILLE, OU SAVOIR SOUFFRIR QUAND ON Y ÉTOIT.

J'avoue que ses camarades baisserent les yeux ; & que huit jours après j'eus une *Robe-de-chambre* & des *Culottes*.

Si ces inconcevables atrocités n'étoient pas ordonnées, il faut les publier, afin de les épargner à mes successeurs : si elles étoient autorisées, si elles entrent, ou dans le régime de la maison, ou dans le traitement particulier qui m'étoit préparé, il faut les publier encore, afin d'assurer au scrupuleux Gouverneur les récompenses que mérite son exactitude.

CONCLUSION.

Je me lasse de tenir cette palette lugubre ; quoique je sois loin de l'avoir épuisée. Je n'ai dit ici que ce qui m'est arrivé à moi-même, ou ce dont j'ai pu parler sans risque de compromettre les sources auxquelles j'en ai dû la connoissance. Que seroit-ce donc si je révélois tout ce que j'ai appris, ou par des confidences, ou par des indiscrétions, ou par la sagacité que donne à l'esprit d'un reclus l'impuissance de se distraire autrement que par ses efforts pour pénétrer les secrets qui l'entourent, & qu'on veut lui cacher.

Tandis qu'on imprimoit ces *Mémoires*, on m'a envoyé un livre sur la même matière, intitulé *des Lettres-de-cachet*, *&c.* Je suis fâché que cet ouvrage soit anonyme, parce qu'il semble par-là en avoir moins d'authenticité. Il met au jour les myſtères du Donjon de *Vincennes*, comme celui-ci dévoile ceux des Tours de la *Baſtille*. On pourra les comparer : peut-être avec le tems aurons-nous ainſi des hiſtoires des vingt & tant de *Baſtilles* que la *France* renferme, ou plutôt qui renferment la *France*.

Toutes juſtifieront la réflexion par laquelle commence ce triſte tableau, (*voyez page* 55 *ci-deſſus*) réflexion que l'on ne peut trop ſouvent rappeller à un gouvernement équitable, qui n'a ni l'intérêt, ni l'intention d'être cruel. Quel eſt l'objet de ce ſecret, de cette impénétrabilité, de cette barbarie qui caractériſent ces prétendues priſons *royales ?* N'eſt-ce pas, préciſément parce que tout s'y fait au nom immédiat *du Roi*, que tout devroit y porter une empreinte plus ſpéciale de clémence, ou du moins de juſtice ? Les rigueurs n'y ſont aſſujetties à aucune formalité préliminaire ; les adouciſſemens ne devroient donc pas y être plus reſtraints.

Quand elles ne contiendroient en effet que de vrais *Criminels d'Etat*, ou des hommes réellement ſoupçonnés d'avoir participé à des complots nuiſibles, encore ſaudroit-il, au moins juſqu'à leur conviction, avoir pour eux les égards dûs à l'humanité. Ne perdons point de vue l'axiome précieux conſigné dans la Déclaration du 30 Août 1780; n'oublions point cette hommage rendu à la vérité par la bienfeſance. Toute *peine* infligée *dans l'obſcurité*, même à des coupables, eſt au moins *inutile*, & dans l'idiome de la juſtice; qu'eſt-ce qu'une *peine inutile?* & quel nom donner à ces *peines inutiles* quand il ſe trouve qu'elles ne tombent que ſur des innocens?

Or, encore une fois, rien de plus rare dans ces *Priſons d'Etat*, dans ces *Tortures d'Etat*, dans ces *Supplices d'Etat*, que des *Criminels d'Etat*. Si les 20 ou 30 geoles qui portent en *France* cet horrible nom; ſi la pluie de *Lettres-de-cachet* qui les peuple, ne ſervoient en effet jamais qu'à punir des factieux, à déconcerter des rebellions, il faudroit donc que la *France* ne fût remplie ue de *Catilinas*. Le pays de l'univers où le joug ſe porte avec plus de docilité, ſeroit donc par eſſence la patrie des conjurations, & un repaire de conſpirateurs; ce qui eſt auſſi abſurde que honteux à ſuppoſer.

Mais ſi ce ne ſont pas des coupables que l'on entaſſe dans les *Baſtilles*, de qui donc regorgent-elles? Contre qui donc eſt dreſſé l'appareil qui les rend ſi formidables? A qui ſont reſervés ces cachots dont le ſilence n'eſt interrompu que par des gémiſſemens, où la terreur veille à écarter tout ce qui pourroit écarter le déſeſpoir? Hélas! faut-il le dire? A des peres de famille paiſibles, à des citoyens irréprochables, à des actions honnêtes, auxquelles le Gouvernement peut-être devroit des récompenſes.

En veut-on un exemple entre mille? Citons celui du *S. de Bure*, déjà conſigné dans ces *An-*

nales, Tome III, page 239. Le *S. de Bure* étoit un libraire diſtingué dans ſa profeſſion : ſa famille exerce avec honneur depuis cent ans de pere en fils, ce commerce utile, & digne d'encouragement quand le ſcrupule s'y joint à l'intelligence : il étoit chef de ſa communauté.

Le Souverain juge à-propos d'introduire dans ce corps une police nouvelle ; une loi ordonne que certains livres ſeront *eſtampillés ;* c'eſt-à-dire marqués d'un certain ſigne, qui devoit leur donner de certains droits. Juſques-là tout alloit bien, au moins pour ceux à qui l'*eſtampillage* devoit valoir beaucoup d'argent.

Mais un ordre particulier enjoint au *S. de Bure* d'appliquer lui-même l'*eſtampille ;* de ſe rendre le miniſtre manuel, l'exécuteur de cette opération : il y voit la ruine infaillible de pluſieurs familles, de la communauté dont il eſt le chef : il croit ſa conſcience intéreſſée, ainſi que ſon honneur à s'excuſer : il offre ſa démiſſion, afin que l'emploi qui lui répugne paſſe ſans bruit dans des mains plus dociles.

On ne reçoit point ſa démiſſion : on lui répète deux fois, trois fois, l'ordre fatal, *Eſtampillés ; ou bien......* Il perſiſte à ſe défendre : on accomplit l'alternative : on le met à la *Baſtille*. Et voilà un *Criminel* d'*Etat*.

www.ingramcontent.com/pod-product-compliance
Ingram Content Group UK Ltd.
Pitfield, Milton Keynes, MK11 3LW, UK
UKHW031848260826
14628UKWH00002B/650

9 782014 449501